IL GRÜNES GEWÖLBE DI DRESDA

EL GRÜNES GEWÖLBE DE DRESDE / ГРЮНЕС ГЕВЁЛЬБЕ В ДРЕЗДЕНЕ

STAATLICHE
KUNSTSAMMLUNGEN
DRESDEN

DEUTSCHER KUNSTVERLAG

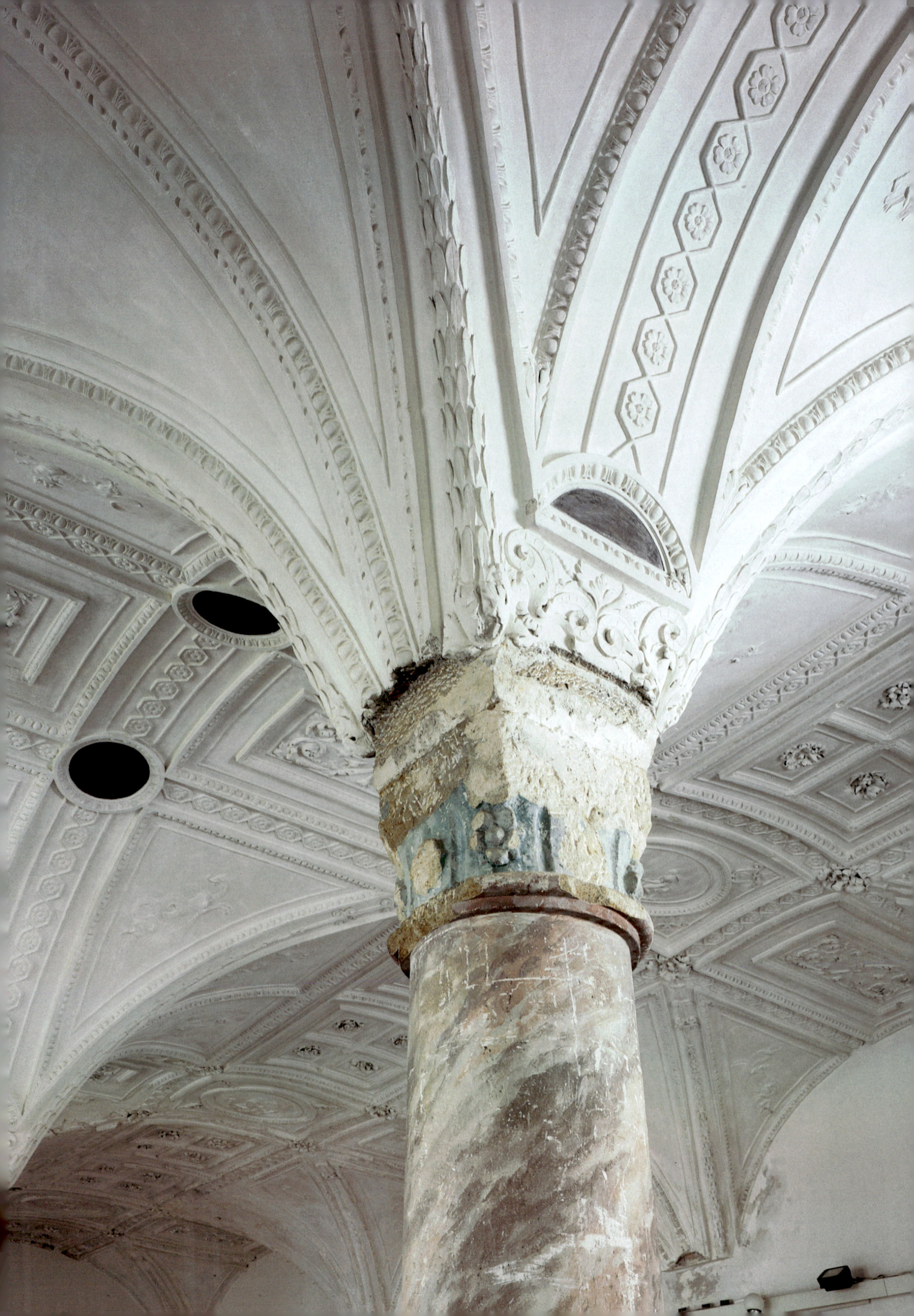

INTRODUZIONE

Il Grünes Gewölbe di Dresda è una delle poche Schatzkammern in Europa ad aver conservato la propria collezione originale in una forma quasi autentica. Le origini della collezione si trovano nel »Geheime Verwahrung« (deposito segreto), situato nell'ala occidentale del palazzo attorno al 1550 dal Principe Elettore Augusto di Sassonia. Alcuni singoli elementi architettonici come i capitelli delle colonne della Tesoreria, la quale fino ai primi del Settecento non era accessibile al grande pubblico, vennero dipinti di verde; il termine »Grünes Gewölbe« o »volta verde« è stato utilizzato sin dal 1586. Nel 1723 Augusto il Forte ordinò la costruzione di stanze sfarzose nella Tesoreria segreta ai fini di esporre la sua collezione, che doveva essere accessibile al pubblico – qualcosa di completamente nuovo e unico per la »Schatzkammer« di una dinastia aristocratica europea. Sotto la direzione di Matthäus Daniel Pöppelmann fu costruito un insieme di otto stanze connesse fra loro, la cui bellezza architettonica si univa alla grande abbondanza e qualità dei tesori principeschi, fino a condensarsi in una scena ineguagliabile. Avanzando di stanza in stanza il visitatore assisteva ad un'esibizione concepita teatralmente e distinta a seconda dei materiali delle opere, capace di evocare come un graduale crescendo, un diminuendo e poi ancora un rinnovato crescendo di esperienza sensoriale. Queste stanze rimasero immutate per quasi due secoli. Nel 1938, nell'imminenza della guerra, i tesori artistici furono portati presso la Fortezza di Königstein. Il 13 febbraio 1945 il palazzo fu preda delle fiamme che distrussero tre delle otto stanze. L'Armata Rossa trasferì gli oggetti preziosi in Unione Sovietica, dove rimasero fino al 1958. Dopo il loro ritorno, parte della collezione fu esposta all'Albertinum. Nel 2004 è stato aperto il nuovo Grünes Gewölbe al primo piano del ricostruito palazzo residenziale, con 1089 oggetti in mostra. Lo stile moderno della presentazione colloca al centro della scena le opere d'arte in tutto il loro sfarzo e la loro varietà e permette al visitatore di osservarle individualmente e con un approccio diretto. Dal 2006 è stata resa possibile anche la visita del magnifico complesso di stanze dello storico Grünes Gewölbe così come si presentava nel 1733, al tempo della morte del suo fondatore. E' tornato così alla luce un »Gesamtkunstwerk«, un'opera d'arte totale del periodo barocco attraverso la quale il visitatore può quasi vivere con ebbrezza l'esposizione di ricchezza e splendore dell'»arte dei tesori«, dell'arte orafa, degli avorii lavorati e delle statuette di bronzo.

INTRODUCCIÓN

El »Grünes Gewölbe« de Dresde es una de las pocas tesorerías reales de Europa que han preservado su colección original de forma casi genuina. Los orígenes de la colección se remontan a alrededor de 1550, cuando el príncipe elector Augusto de Sajonia instaló en el ala oeste de su palacio la »Geheimen Verwahrung« (custodia secreta). Algunos elementos arquitectónicos de esta cámara del tesoro, que no fue accesible al público hasta principios del siglo XVIII, como por ejemplo los capiteles de las columnas, estaban pintados en verde: el término »Grünes Gewölbe« (la bóveda verde) se utilizaba desde 1586. En 1723, Augusto el Fuerte ordenó la edificación de suntuosos salones en la cámara privada del tesoro para poder así exponerlo al público, lo que constituyó una iniciativa realmente innovadora para la tesorería de una casa de la aristocracia europea. Bajo la dirección de Matthäus Daniel Pöppelmann se construyeron ocho salas comunicadas entre sí, cuya belleza arquitectónica interior, unida a la abundancia y calidad del tesoro del príncipe conformaban una presentación única. Al avanzar de una sala a otra, el visitante se encontraba con una exposición agrupada por materiales, rebosante de efectos teatrales perfectamente estudiados para provocar gradualmente una voluptuosa sensación en crescendo, disminuendo y de nuevo crescendo. Estas salas permanecieron casi dos siglos sin sufrir cambio alguno. Al hacerse inminente la guerra en 1938, estos tesoros artísticos fueron trasladados a la fortaleza de Königstein. El 13 de febrero de 1945, el palacio ardió y tres de las ocho salas quedaron destruidas. La Armada Roja transportó estos valiosos objetos a la Unión Soviética, donde permanecieron hasta 1958. Una vez restituidos, parte de la colección se expuso en el Albertinum. En el año 2004 se inauguró el Neues Grünes Gewölbe en el primer piso del palacio reconstruido, con 1089 obras expuestas. El moderno estilo de presentación dispone estas obras de arte en el punto central, en todo su esplendor y diversidad, y permite que el visitante las contemple una por una y a escasa distancia. Desde 2006 ya puede volver a contemplarse también el magnífico conjunto de salas del »Historisches Grünes Gewölbe« tal y como era en el año 1733 al morir su fundador. Con ello se ha recreado una »Gesamtkunstwerk« (obra de arte total) del barroco, con la que el visitante puede embriagarse de la riqueza y la belleza de los tesoros, la orfebrería, las talla de marfil y las estatuillas de bronce.

ВВЕДЕНИЕ

»Грюнес Гевёльбе« принадлежит к тем немногочисленным кунсткамерам Европы, которые сохранили свою первоначальную коллекцию в её почти подлинном виде. Началу коллекции положило тайное хранилище (»Geheime Verwahrung«) в западном флигеле замка, которое было сооружено саксонским курфюстом Августом примерно в 1550 году и было недоступным для широкой публики вплоть до начала 18 века. Отдельные архитектурные элементы этой сокровищницы, например капители колонн, были покрашены в зелёный цвет; поэтому сокровищница и носит название »Грюнес Гевёлбе« или »Зелёные Своды« с 1586 года. В 1723 году по приказу Августа Сильного в тайной сокровищнице была открыта великолепная выставка драгоценностей, доступная для широкой публики, что явилось совершенно новым и уникальным событием для сокровищниц европейских аристоратических династий. Под руководством Маттеуса Пёппельманна было оборудовано восемь связанных между собой комнат, внутренняя архитектурная красота которых и изобилие великолепных драгоценностей курфюста слились в единую уникальную выставочную экспозицию роскошной коллекции. Расстановка экспонатов по материалу их изготовления была настолько театрально продумана, что посетитель, переходя из комнаты в комнату и созерцая уникальную коллекцию, испытывал полную гамму чувственных переживаний. Почти два столетия в комнатах ничего не менялось. Перед началом Второй мировой войны в 1938 году сокровищница была вывезена в крепость Кёнигштайн. 13 февраля 1945 года в замке возник пожар, при котором сгорели до тла три из восьми выставочных залов. Сокровища были перевезены Красной армией в Советский Союз, где они находились до 1958 года. После возвращения в Германию часть коллекции была выставлена в Альбертинуме. В 2004 году на первом этаже заново отреставрированного замка был открыт новый музей »Грюнес Гевёльбе« с 1089 экспонатами. Современная экспозиция представляет собой собрание произведений искусств во всём их великолепии и разнообразии и даёт возможность посетителю индивидуально созерцать экспонаты с близкого расстояния. В 2006 году распахнул свои двери для широкой публики и великолепный комнатный ансамбль исторической части »Грюнес Гевёльбе« в своём первоначальном облике 1733 года, года смерти основателя сокровищницы. Благодаря возможности упоительного созерцания богатства и красоты шедевров ювелирного искусства, изделий из слоновой кости и бронзовых статуэток заново возродился »Gesamtwerk« эпохи барокко.

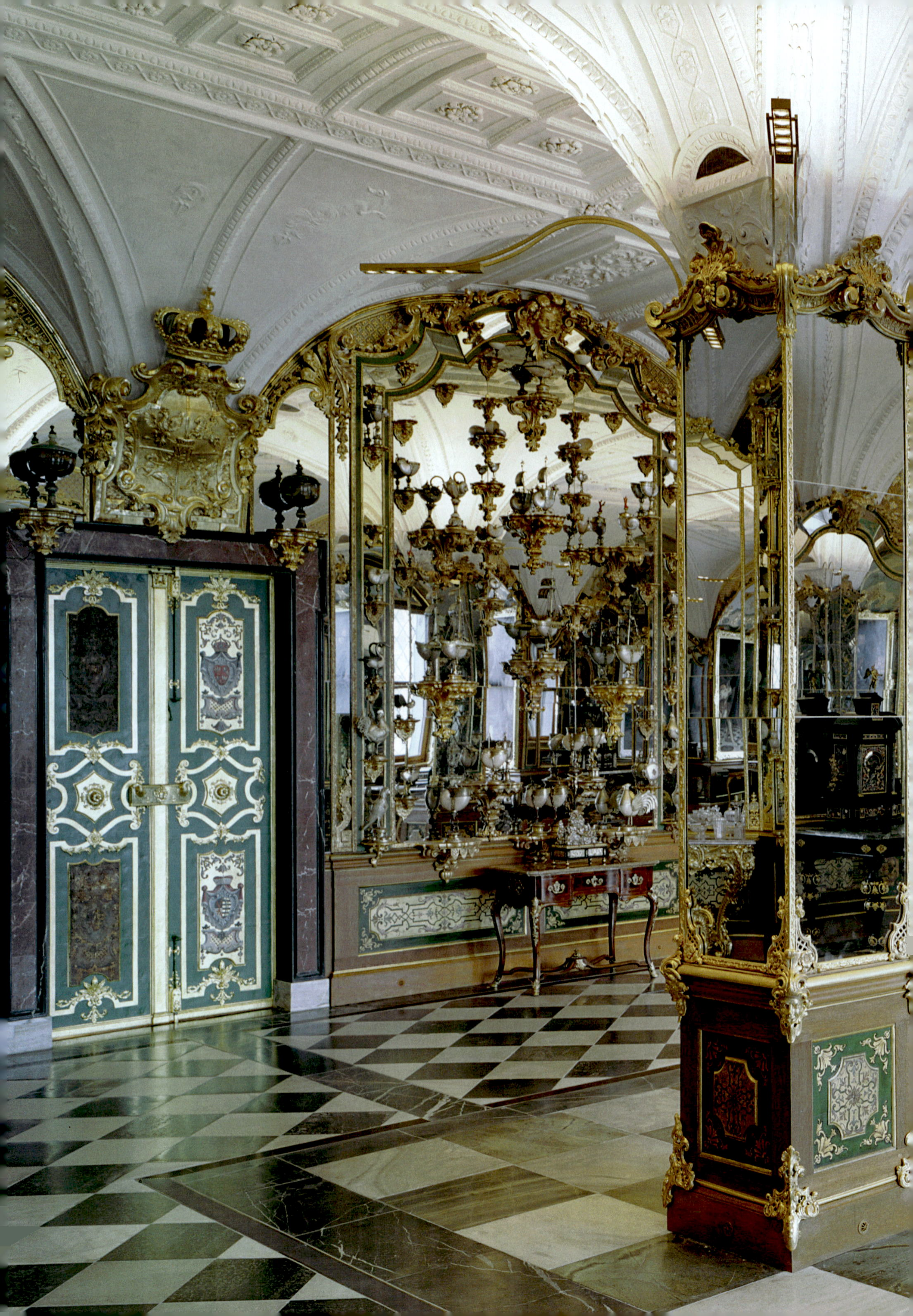

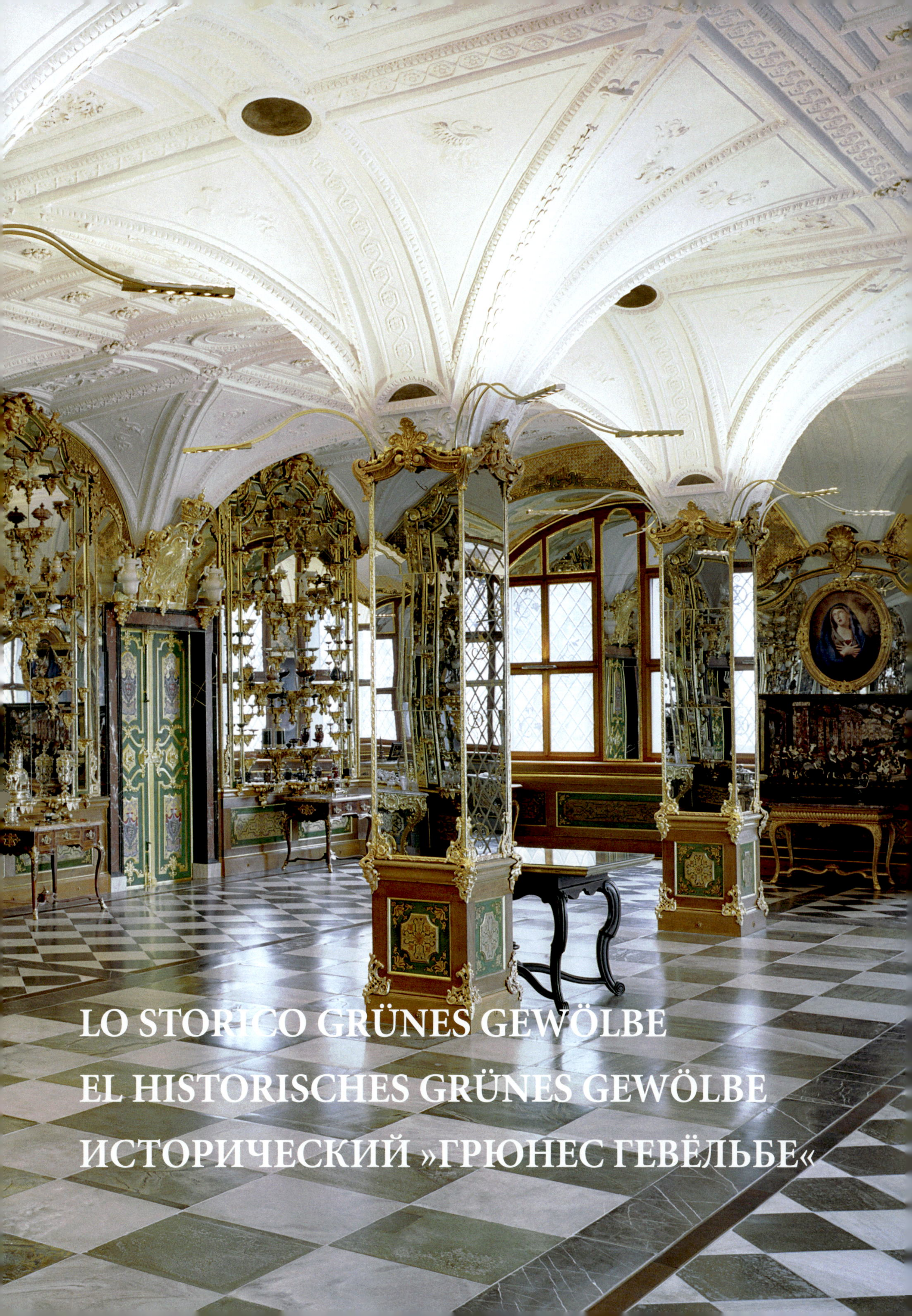

LO STORICO GRÜNES GEWÖLBE
EL HISTORISCHES GRÜNES GEWÖLBE
ИСТОРИЧЕСКИЙ »ГРЮНЕС ГЕВЁЛЬБЕ«

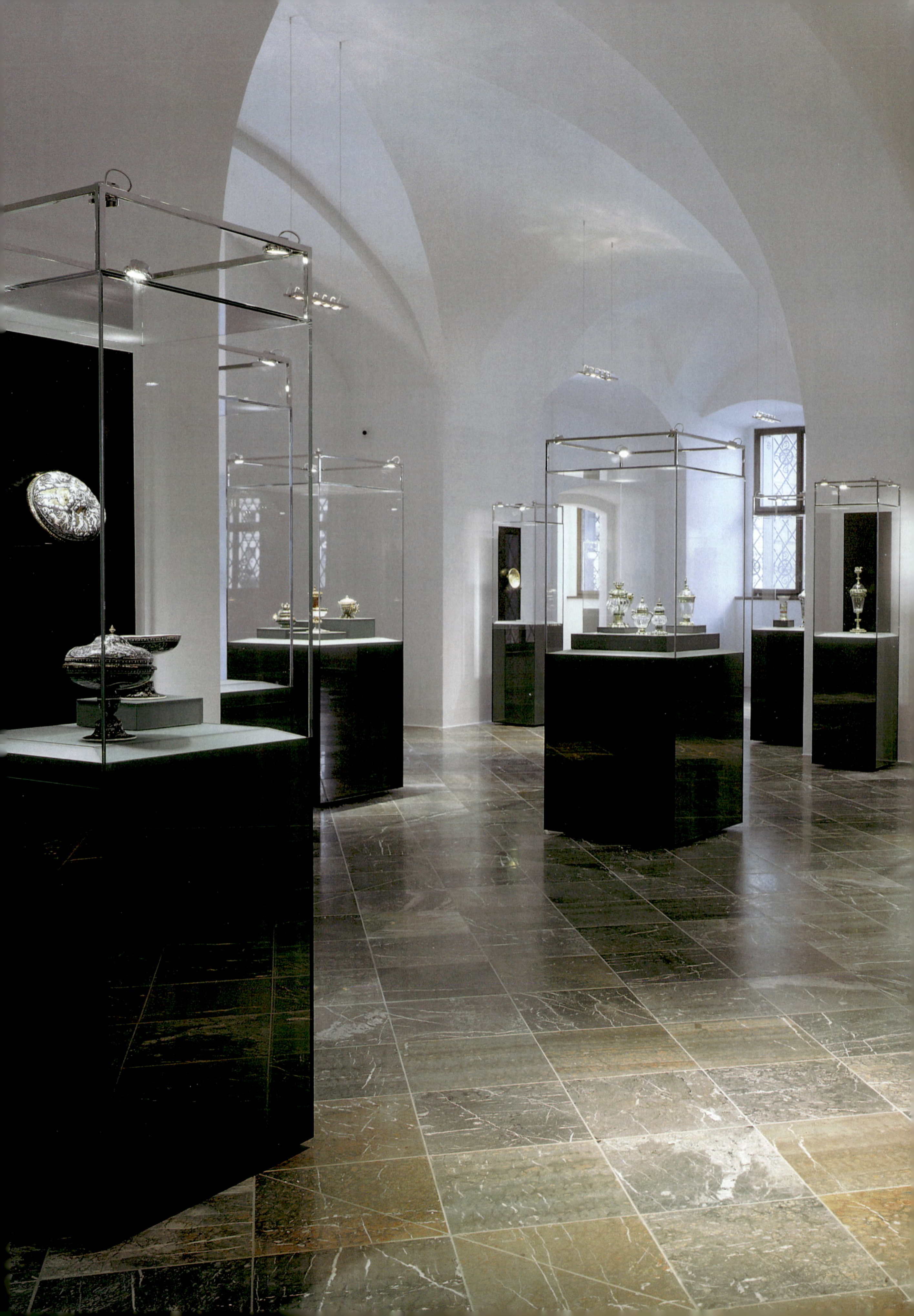

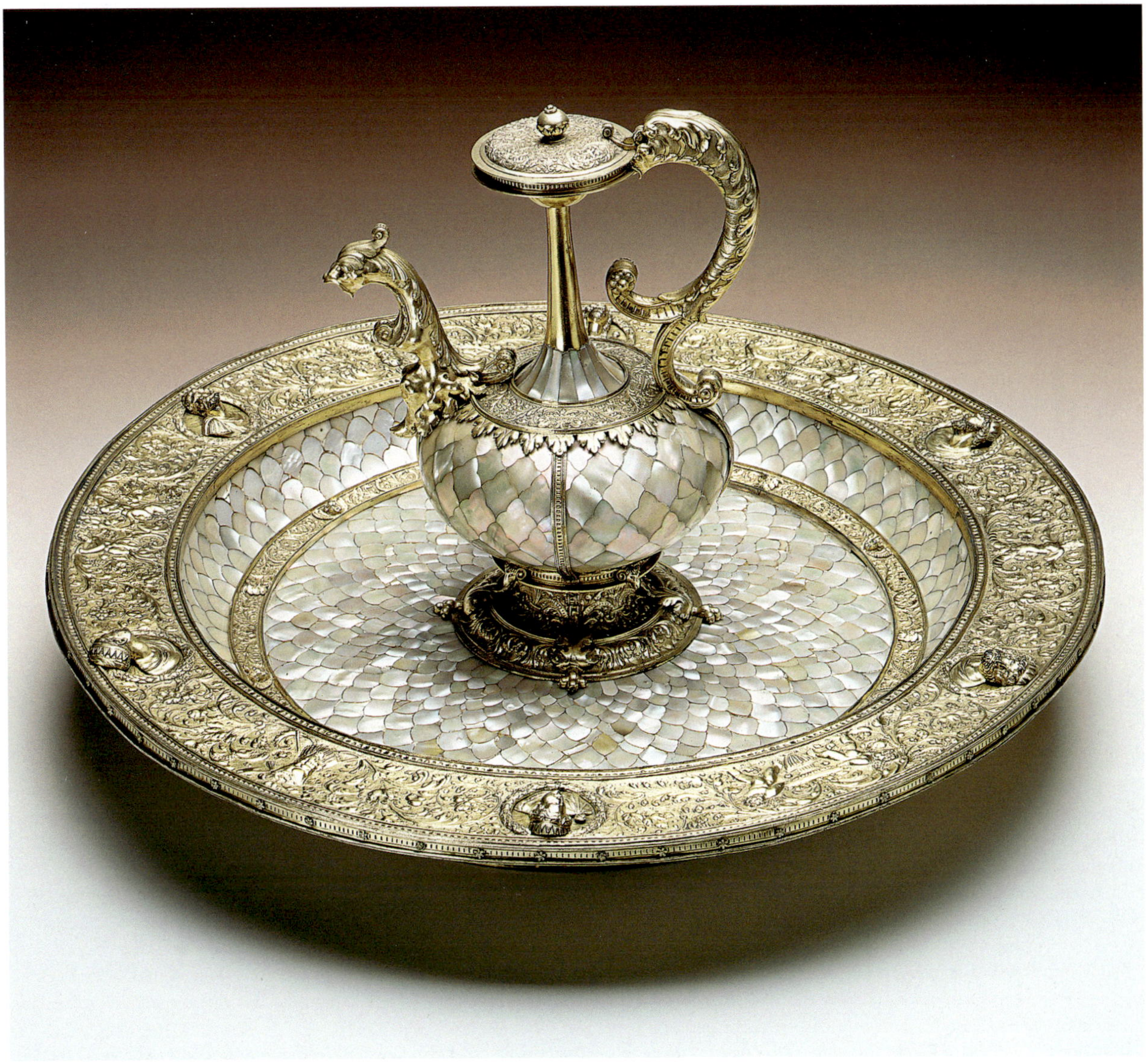

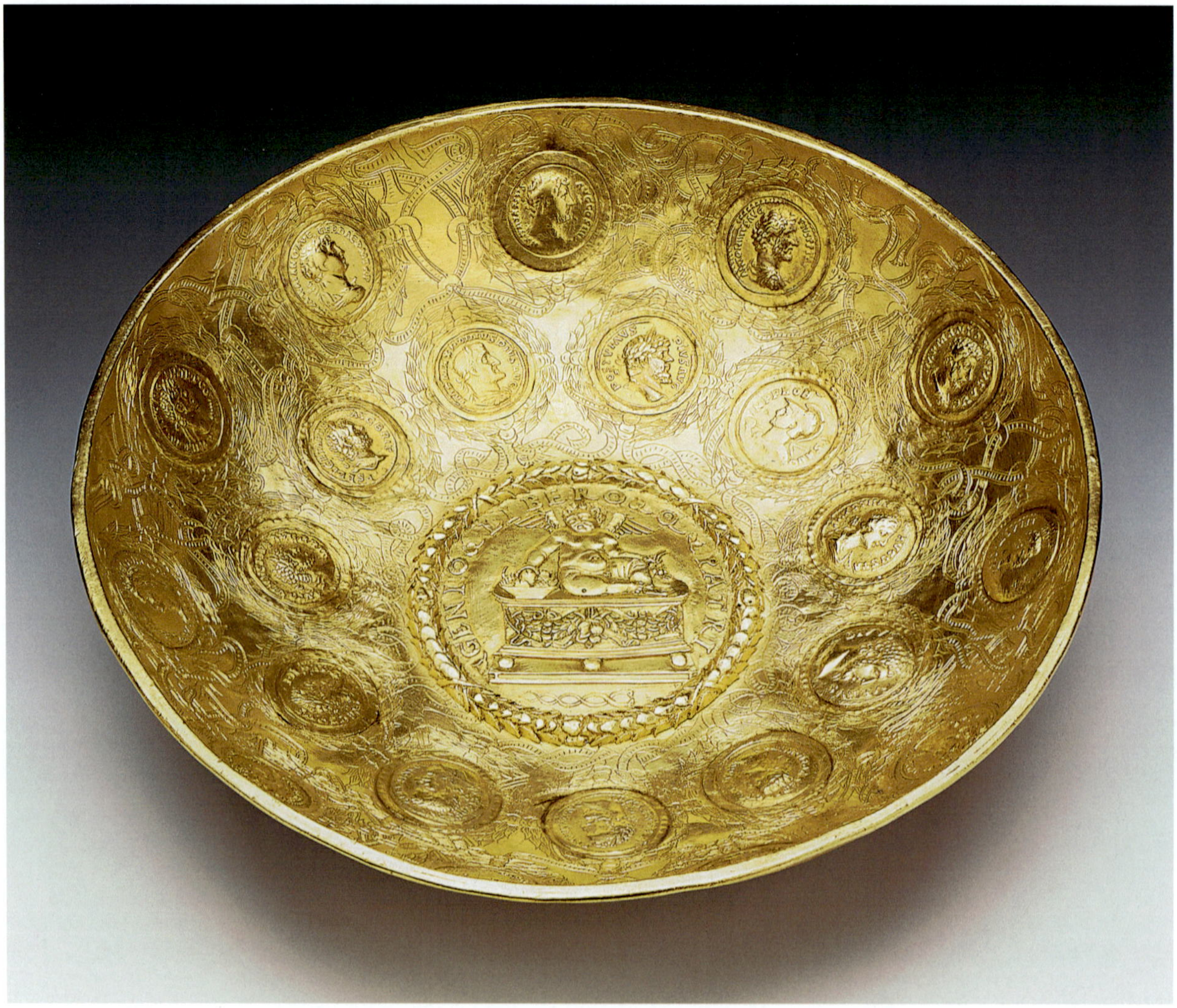

1] **Catino di madre perla e brocca:** questa brocca ed il relativo catino, fittamente ricoperti di tessere di madreperla, furono importati nel sud della Germania da Gujarat dal nord ovest dell'India da mercanti portoghesi. I recipienti furono probabilmente fissati con la loro montatura di qualità artistica eccellente attorno al 1540 presso Norimberga.
Aguamanil de nácar: este conjunto de jarra y jofaina densamente cubiertas de plaquitas de nácar fue importado al sur de Alemania desde Gujarat, en el noroeste de India, a través de comerciantes portugueses. Se estima que estos recipientes se dotaron de sus exquisitos engarces en Núremberg hacia 1540.
Перламутровая лохань и рукомой: Лохань и рукомой, покрытые плотным слоем перламутровых пластинок, были привезены португальскими торговцами в южную Германию из штата Гуярат на северо-западе Индии. Оправа была сделана редположительно в Нюнберге в 1540 году.

2] **Scodella di Augustin Kesenbrot:** il prevosto Augustin Kesenbrot, il più potente ufficiale d'Ungheria, offrì in dono la preziosa coppa realizzata in oro e 22 monete romane con inscrizioni in latino collocate all'interno e sul lato inferiore della stessa.
Cuenco de Augustin Kesenbrot: el preboste Augustin Kesenbrot, el oficial más poderoso de Hungría, donó este valioso cuenco elaborado con oro y 22 monedas romanas, que ostenta inscripciones en latín en la parte inferior e interior.
Чаша для вина Августина Кезенброта: Эту ценную чашу из золота, украшенную 22 римскими монетами и латинскими надписями на внутренней и наружной сторонах чаши, принес в дар старший пастор Августин Кезенброт, чиновник из Венгрии, обладавший большой властью.

3] **L'arcangelo Michele in lotta contro Satana:** in questa opera scultorea realizzata a Monaco o ad Augusta poco prima del 1600 l'Arcangelo Michele, che qui è ritratto in qualità di combattente della fede protestante, usa la propria lancia per scacciare Satana dal Paradiso.
El arcángel Miguel luchando contra el demonio: en esta talla realizada en Múnich o Augsburgo poco antes de 1600, el arcángel Miguel, que aquí se representa como defensor de la fe protestante, expulsa a Satanás del cielo con su lanza.
Архангел Михаил в борьбе со злом: В этой работе по дереву, созданной в Мюнхене или Аугсбурге незадолго до 1600 года, архангел Михаил, представленный здесь борцом за протестанскую веру, свергает своим копьём сатану с небес.

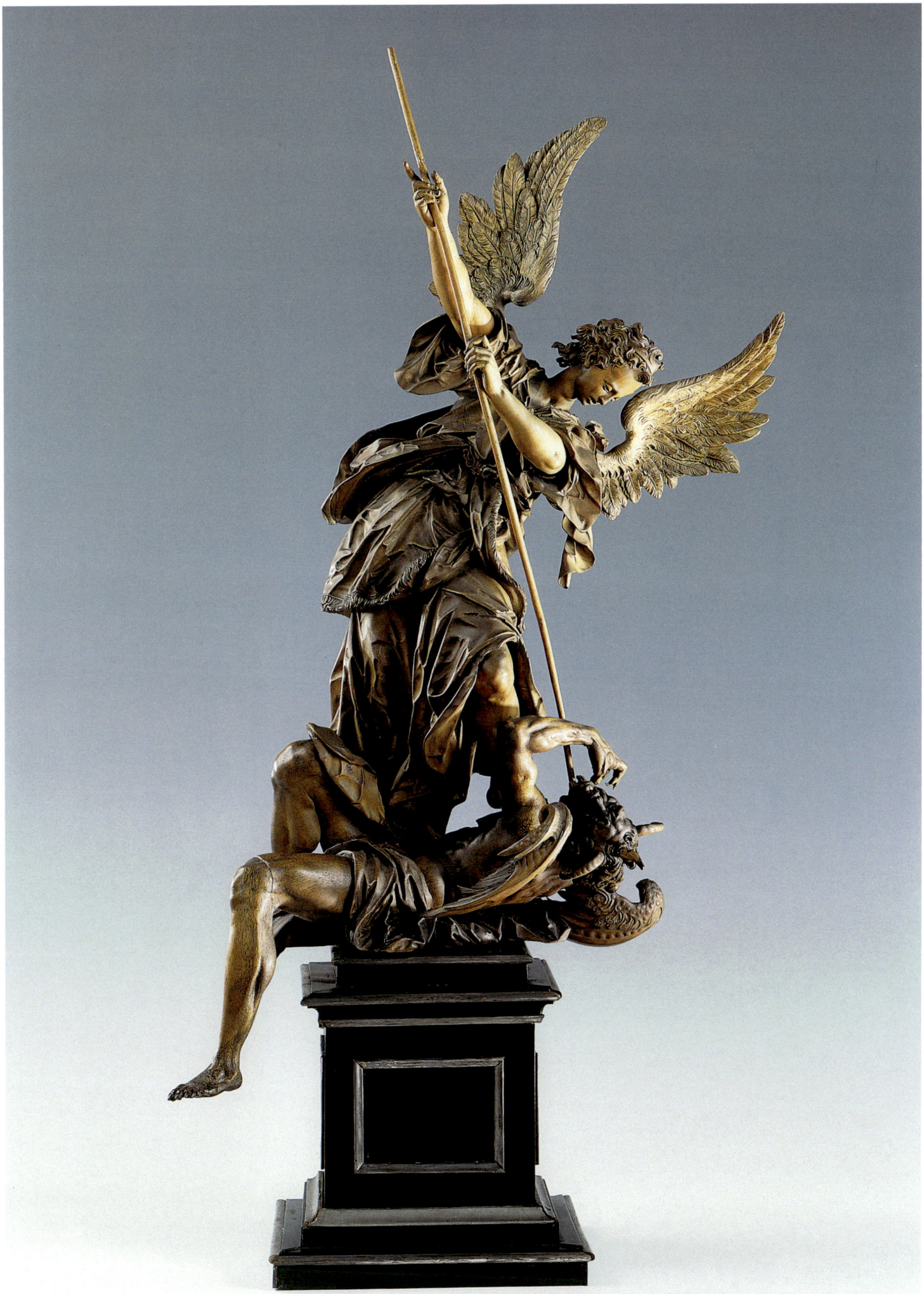

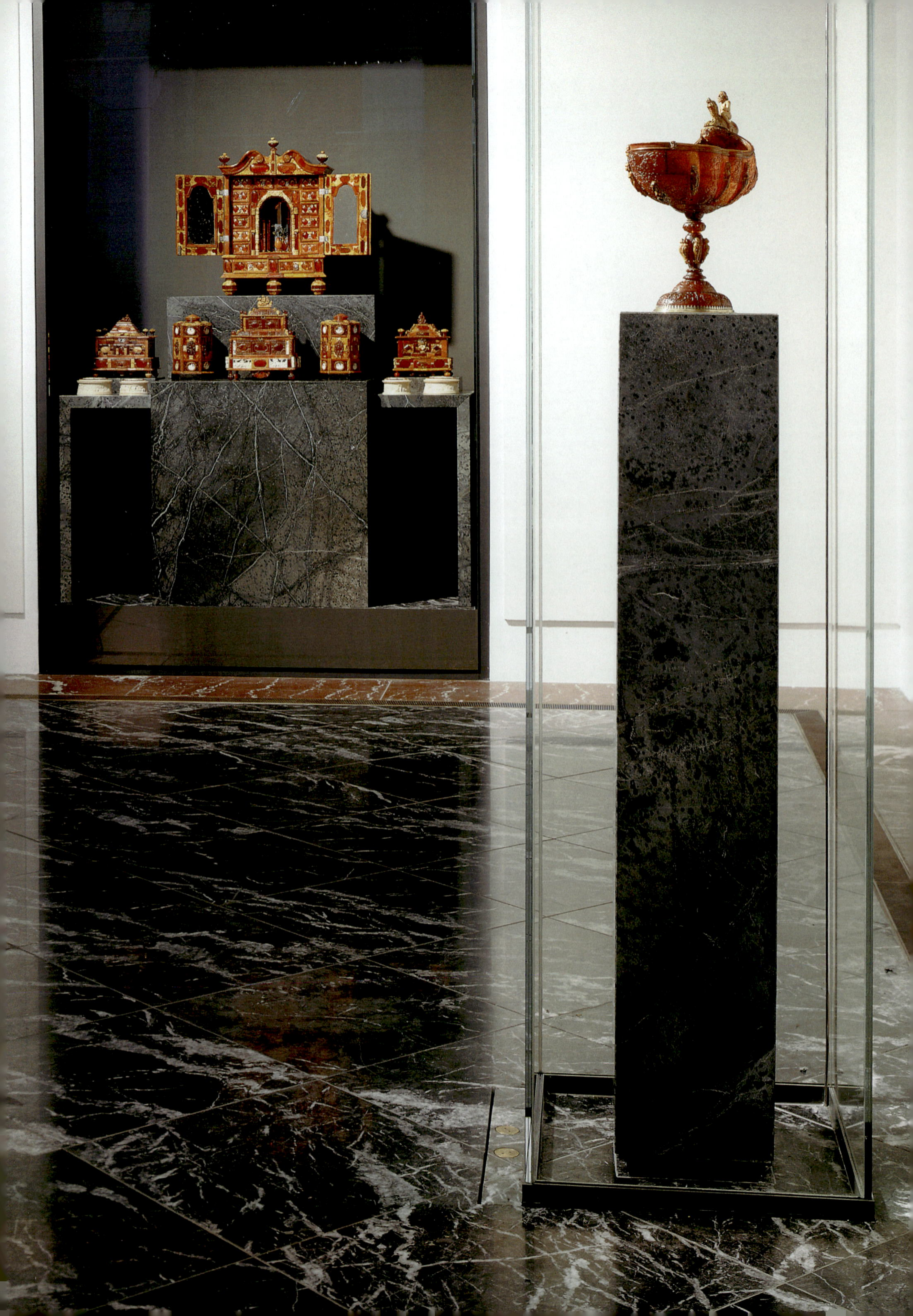

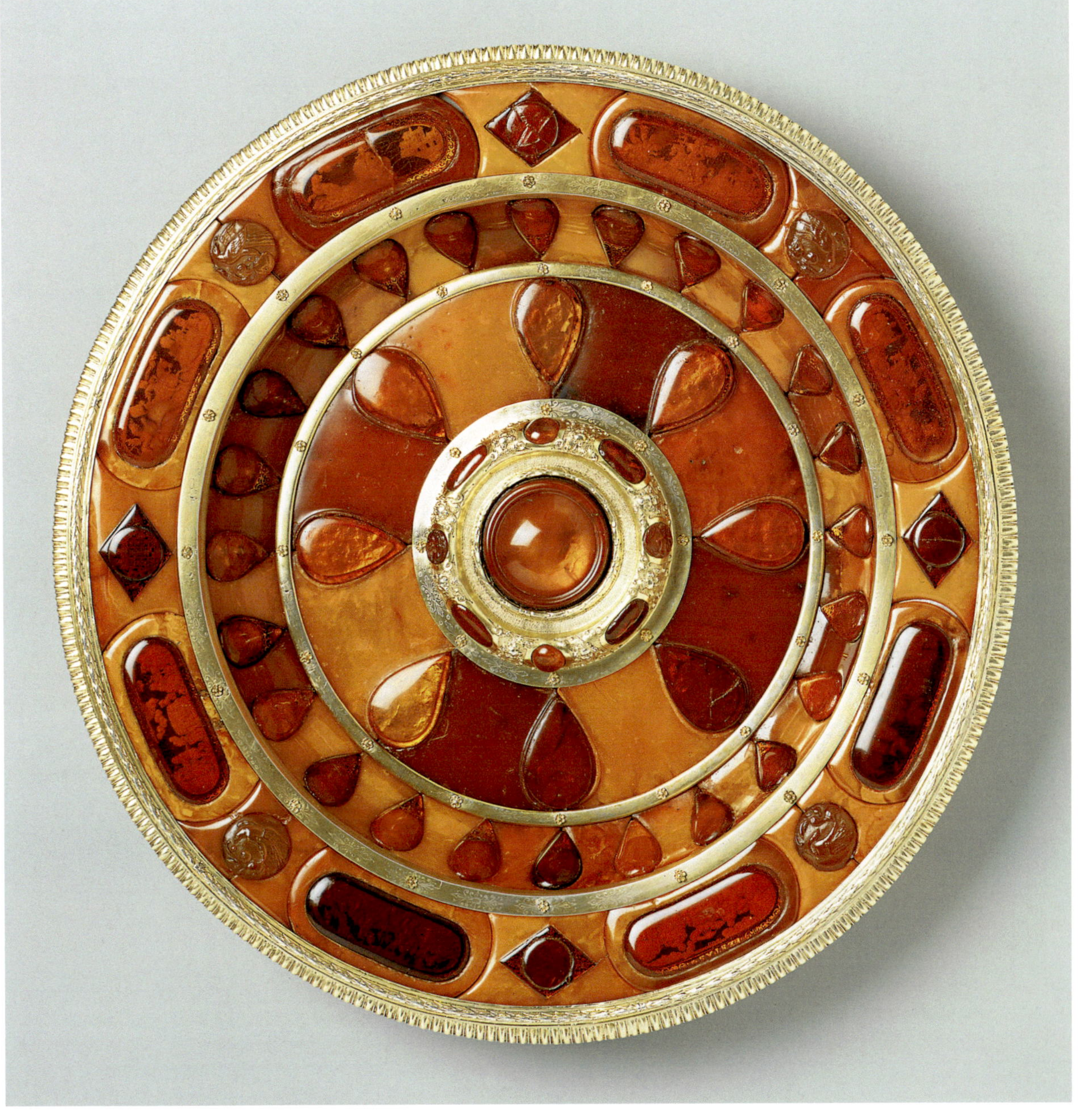

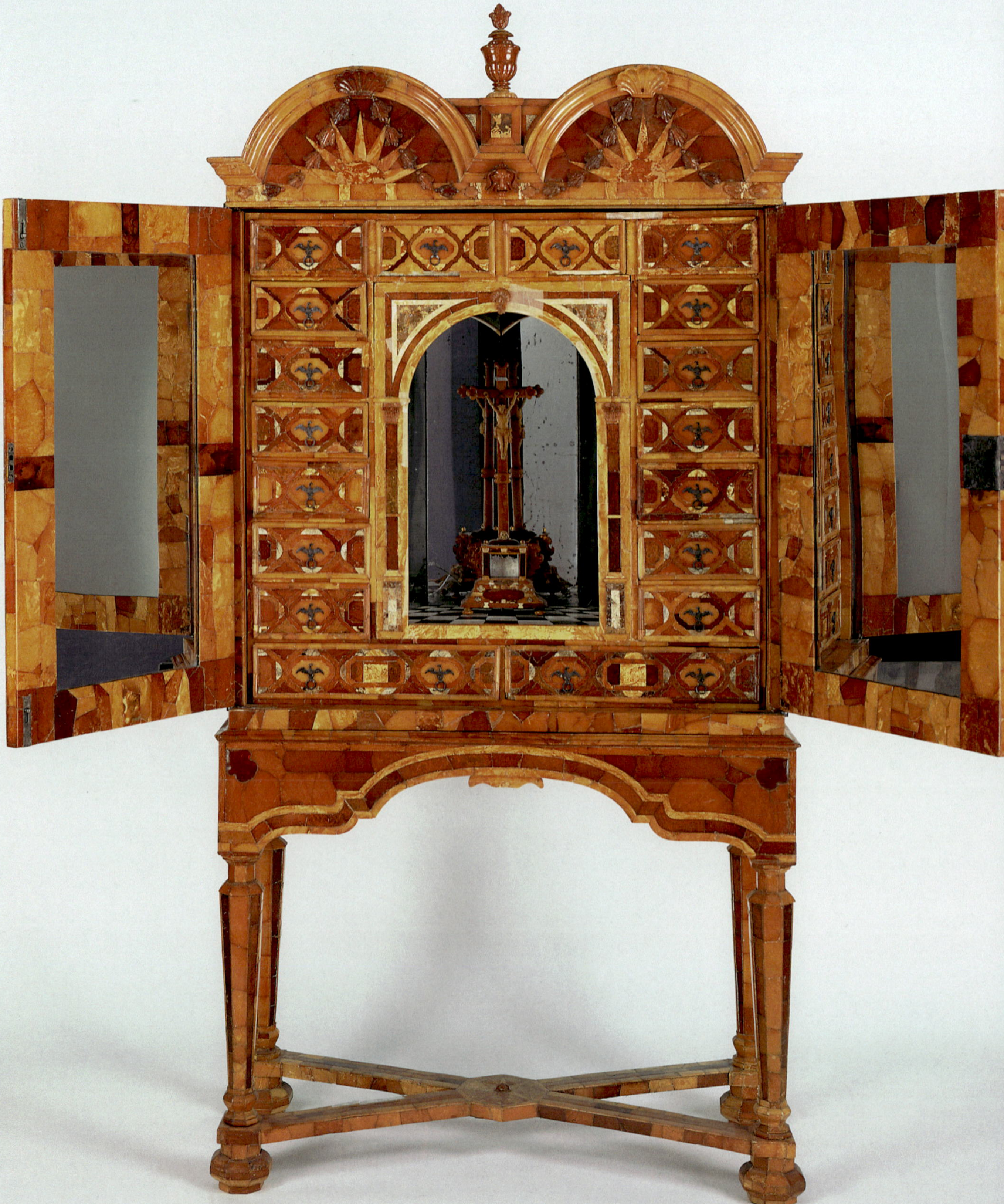

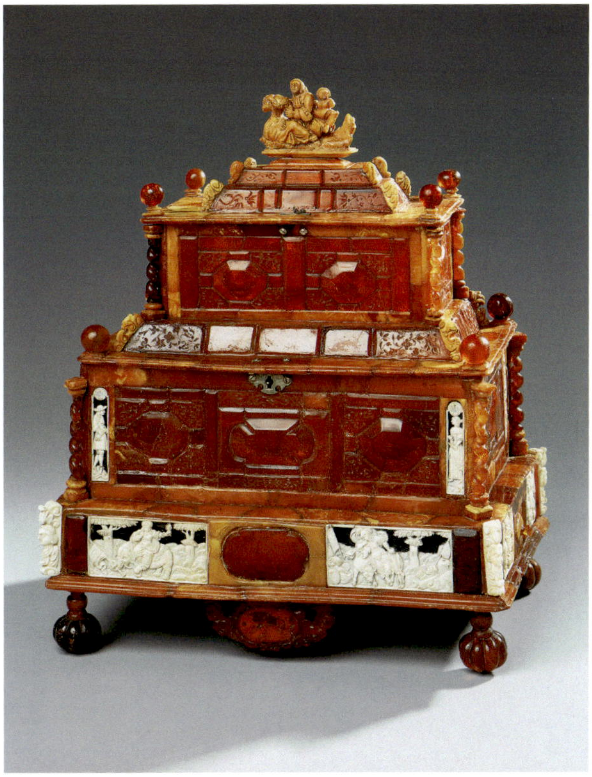

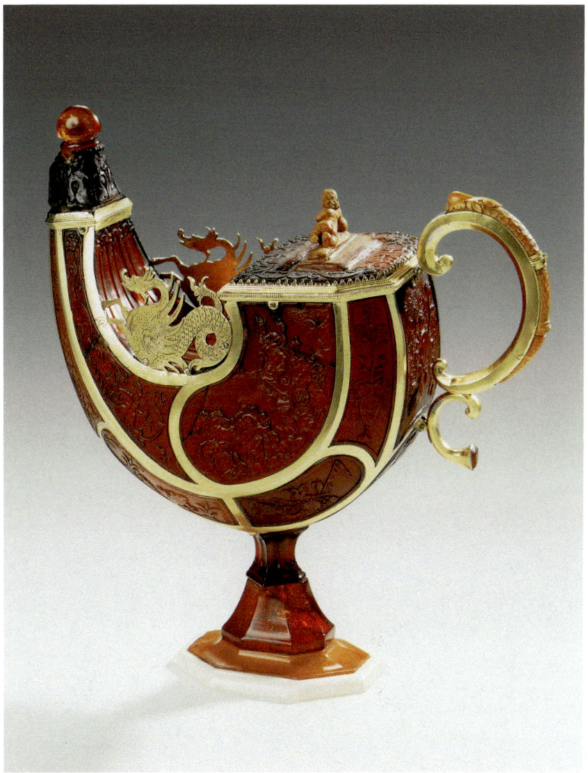

1] **Grande catino:** sul bordo del recipiente di ambra, che fu realizzato a Königsberg attorno al 1605–1607, ci sono minuscoli rilievi che rappresentano le quattro stagioni e i fondatori dei »quattro imperi dell'Antichità« (Giulio Cesare, Alessandro Magno, Nino d'Assiria e Ciro di Persia).
Gran jofaina: en el borde de esta jofaina de ámbar, elaborada en Kaliningrado alrededor de 1605–1607, se aprecian diminutos relieves que representan las cuatro estaciones y los fundadores de los »cuatro imperios de la antigüedad« (Julio César, Alejandro Magno, Nino de Asiria, Ciro de Persia).
Большая лохань: Это янтарное блюдо, созданное в Кёнигсберге примерно в 1605–07 г.г., окаймовано крошечными рельефами, которые изображают четыре времени года и основателей »четырёх античных мировых империй« (Юлия Цезаря, Александра Великого (Македонского), ассирийского царя Нина и основателя персидского царства Кира II Великого).

2] **Mobiletto:** Augusto il Forte ricevette questo mobiletto nel 1728 dal re di Prussia Federico Guglielmo I. Si tratta della più grande opera in ambra conservata oggigiorno.
Armario del gabinete: Augusto el Fuerte recibió este gabinete en 1728 de Federico Guillermo I de Prusia. Es la mayor obra en ámbar que se conserva hoy en día.
Кабинетный шкаф: Август Сильный получил этот шкаф от прусского короля Фридриха Вильгельма Первого. Он является самым большим произведением искусств из янтаря, сохранившимся до наших дней.

3] **Cofanetto:** questa piccola e meravigliosa opera in ambra (1675–80) contiene due scrigni montati uno sull'altro e due cassetti ai lati. I rilievi in avorio, alla base, mostrano rappresentazioni allegoriche dei quattro continenti.
Joyero: esta pequeña e impresionante pieza de ámbar (1675–80) contiene dos cofrecillos montados uno sobre el otro y dos cajones en los laterales. Los relieves de marfil del nivel inferior muestran representaciones alegóricas de los cuatro continentes.
Ларчик: Это маленькое чудо искусства из янтаря (1675–80 г.г.) состоит из двух шкатулок, монтированных друг на друге, и двух выдвижных ящичков, расположенных по бокам ларчика. Рельефы из слоновой кости на цоколе ларчика аллегорически изображают четыре части света.

4] **Brocca:** questa brocca ingentilita e abbellita da fiori, frutta, grottesche e ghirlande, due draghi in lamina d'argento e un cherubino (1620–30) fu realizzata da Georg Schreiber che fu uno dei primi due mastri artigiani della corporazione dei tornitori d'ambra, fondata nel 1641 a Königsberg.
Jarra: esta jarra (1620–30) adornada con flores, frutos, figuras grotescas y guirnaldas, dos dragones de lámina de plata y un querubín, entre otros, fue realizada por Georg Schreiber, maestro artesano de uno de los dos primeros gremios de torneado de ámbar fundados en 1641 en Kaliningrado.
Кувшин: Этот кувшин (1620–30 г.г.), украшенный цветами, фруктами, гротесками и узорными изгибами, двумя серебрянными драконами и одним херувимом, был исполнен Георгом Шрайбером, одним из двух мастеров токарного цеха по изготовлению янтарных изделий, основанного в Кёнигсберге в 1641 году.

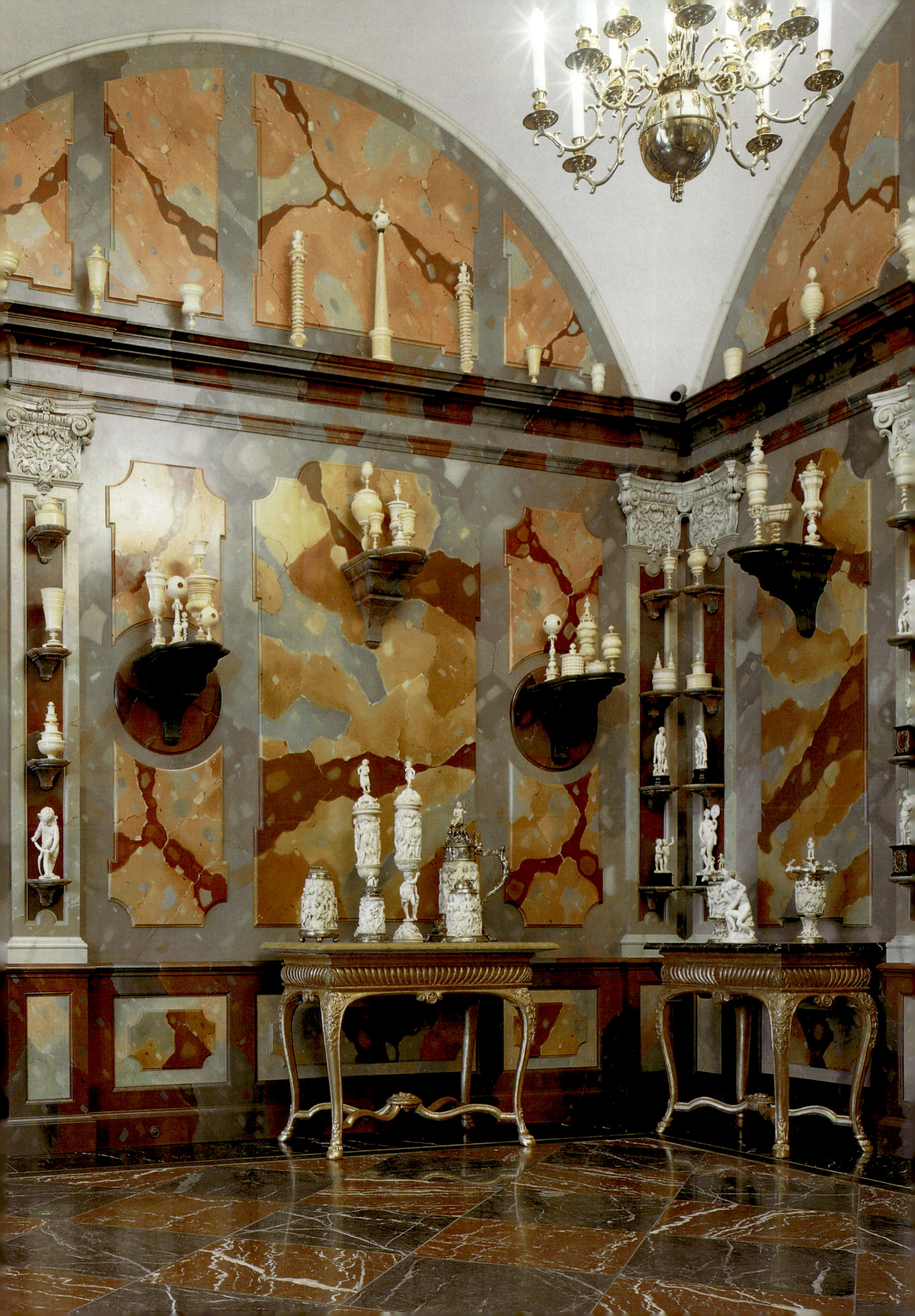

STANZA DELL'AVORIO / SALA DEL MARFIL / КОМНАТА СЛОНОВОЙ КОСТИ

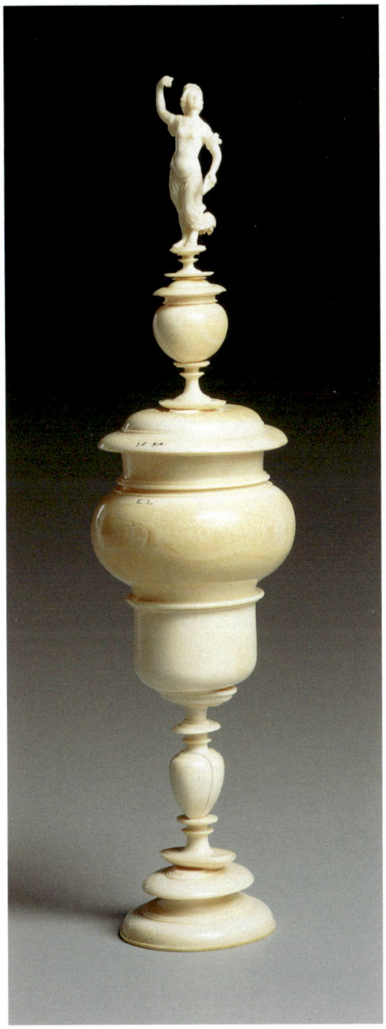

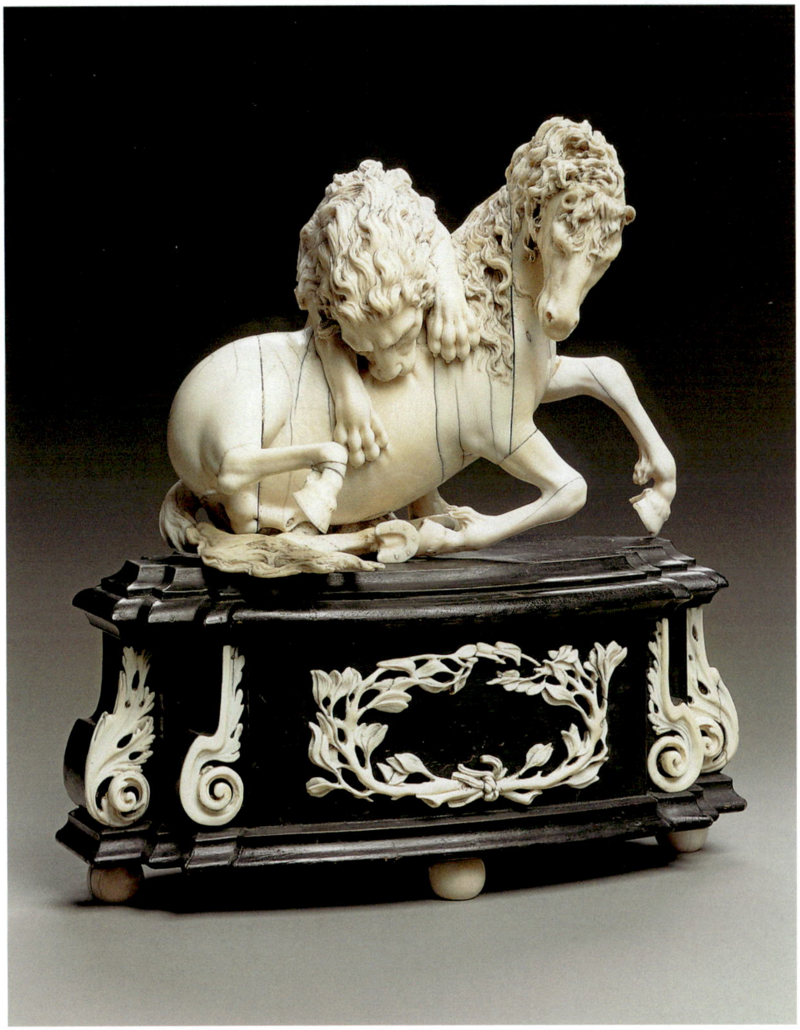

1] **Coppa con coperchio coronata da una figura di Minerva:** Egidius Lobenigk, che firmò questa coppa nel 1590, trasformò insieme a Georg Wecker la stanza della tornitura dell'avorio nel palazzo di Dresda in una famosa officina.
Copa con tapa coronada con la figura de Minerva: Egidius Lobenigk, que firmó esta copa en 1590, transformó, junto con Georg Wecker, la sala de torneado de marfil del Palacio de Dresde en un renombrado taller.
Кубок с крышкой, увенчанный фигурой Минервы: Эдигиус Лобенигк, сделавший надпись на этом кубке в 1590 году, и Георг Векер прославили своими работами мастерскую по изготовлению изделий из слоновой кости в дрезденском замке.

2] **Cavallo e leone:** questa drammatica scena di animali in lotta, scolpita in avorio, fu creata attorno al 1670 da Melchior Barthel da Dresda, scultore di corte presso Johann Georg II.
Caballo y León: esta dramática escena de animales luchando fue esculpida en marfil alrededor de 1670 por Melchior Barthel, de Dresde, escultor de la corte de Juan Jorge II.
Конь и лев: Эту драматическую сцену создал из слоновой кости Мельхиор Бартель. Он был родом из Дрездена и работал скульптором при дворе Иоанна Георга Второго.

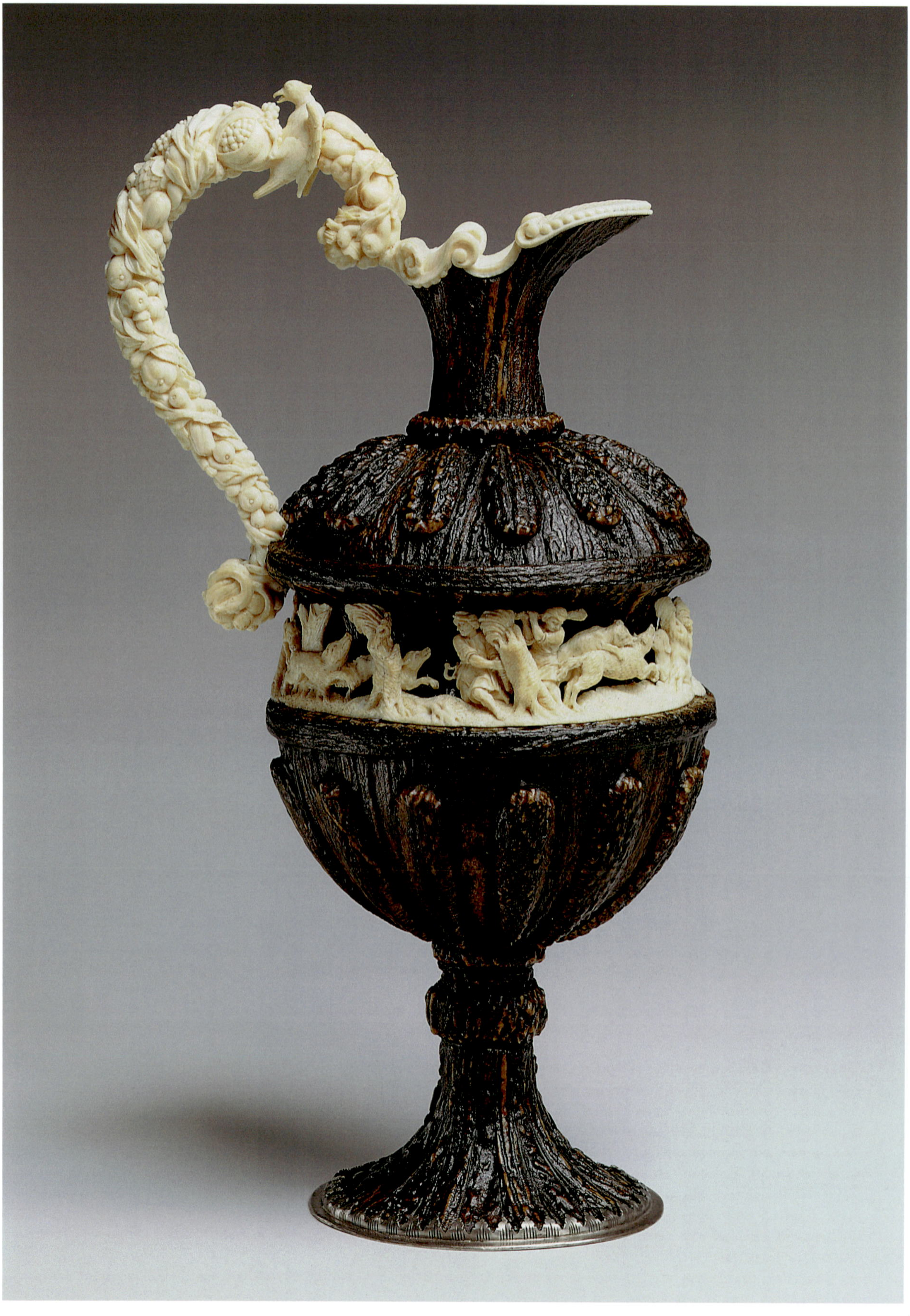

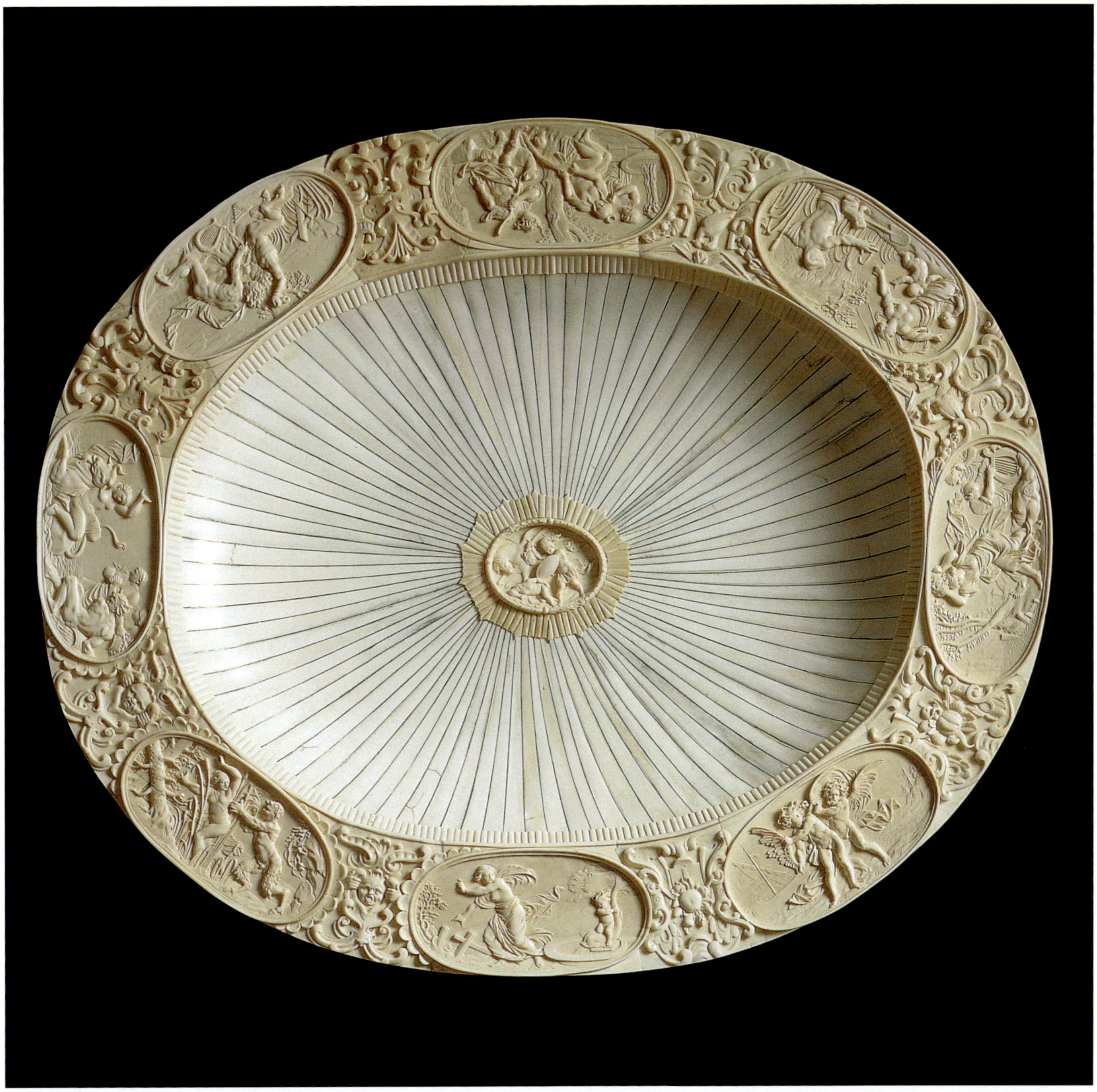

3] **Brocca:** la brocca realizzata con singoli pezzi di corno di cervo è impreziosita da un fregio figurativo in avorio che mostra contadini intenti alla caccia. Fu realizzato tra il 1668 e il 1688 da Johann Michael Maucher.
Jarra: esta jarra, elaborada a partir de piezas de cuerno de ciervo acopladas, está adornada con un friso de figuras de marfil que muestra campesinos cazando. Fue realizada por Johann Michael Maucher entre 1668 y 1688.
Кувшин: Этот кувшин из оленьих рогов украшен фризом из слоновой кости с изображением крестьян на охоте. Он был создан между 1668 и 1688 г.г. Иоанном Микаэлем Маухером.

4] **Catino:** ciascuno dei nove rilievi ovali di questo catino in corno e avorio (1670–80) fa riferimento a un diverso episodio delle *Metamorfosi* di Ovidio, il poeta classico più letto nel 16° e nel 17° secolo.
Vasija: cada uno de los nueve relieves ovales de esta vasija de cuerno de ciervo y marfil (1670–80) relata un episodio diferente de las *Metamorfosis* de Ovidio, el poeta clásico más leído en los siglos XVI y XVII.
Лохань: Каждый из девяти овальных рельефов этой лохани, выполненной из оленьих рогов и слоновой кости (1670–80 г.г.), изображает эпизоды из »Метаморфоз« Овидия, самого читаемого античного поэта в 16–17 веках.

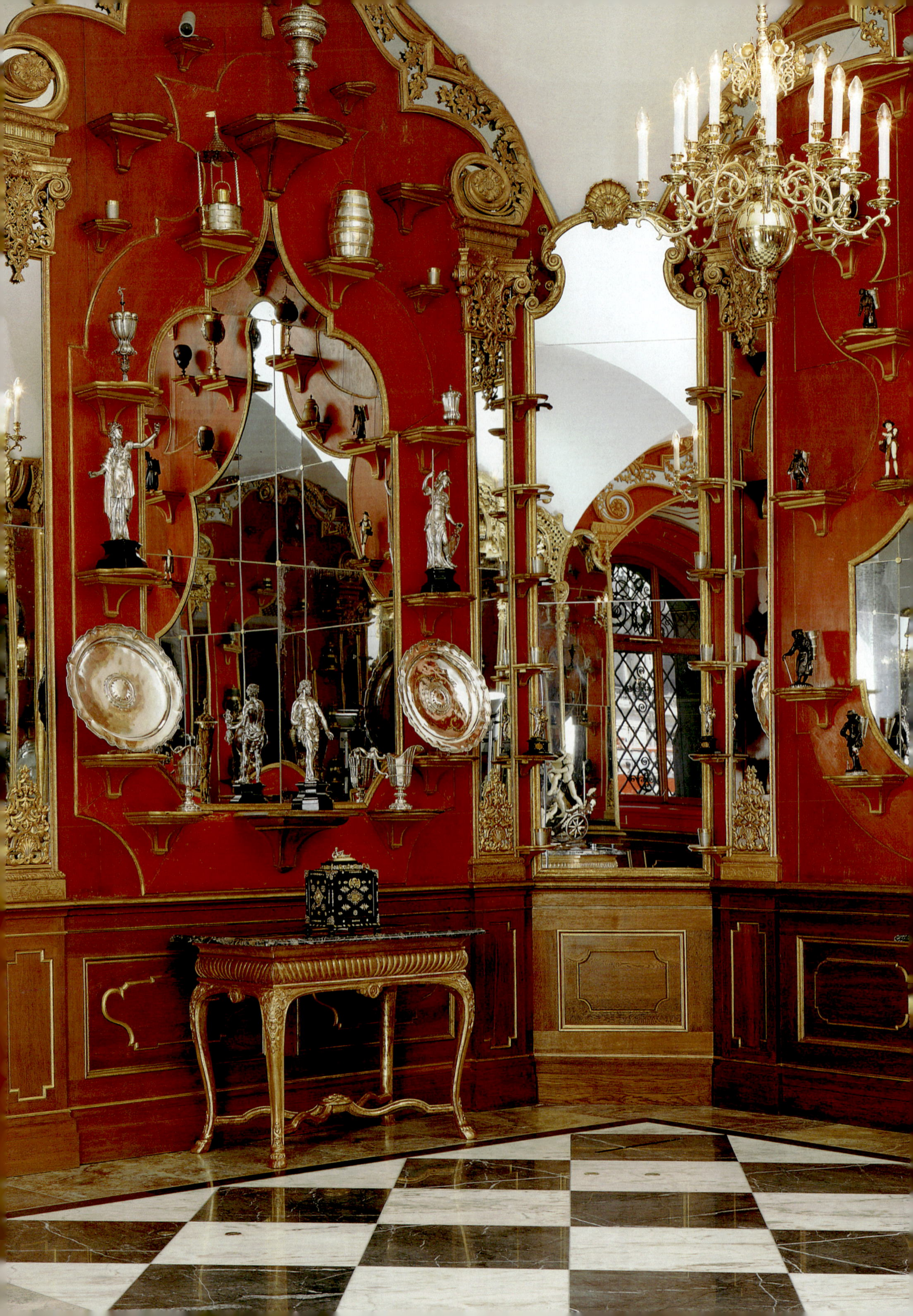

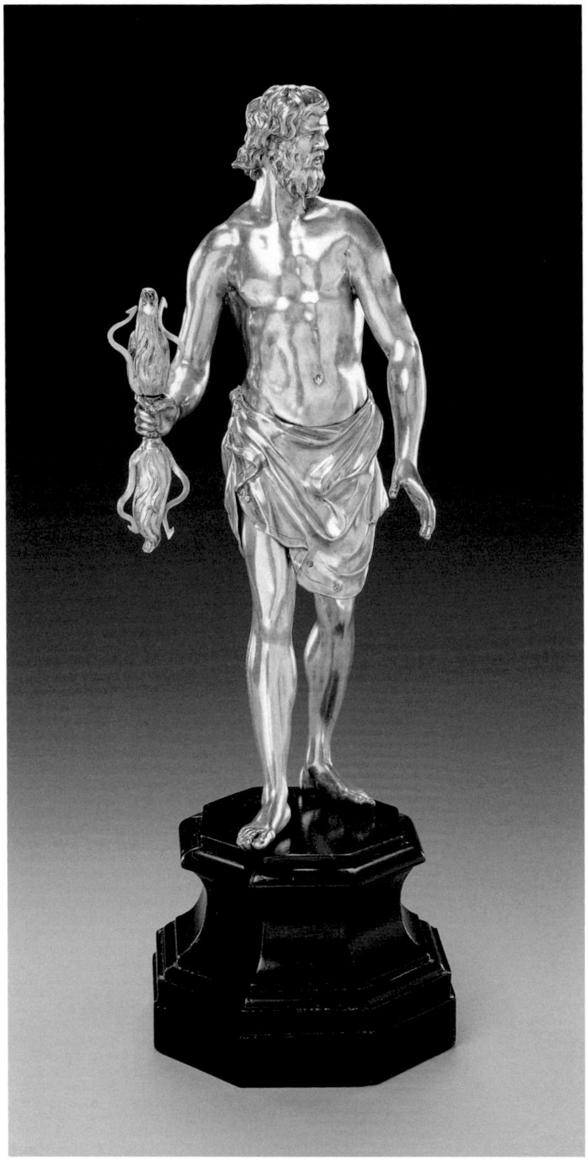

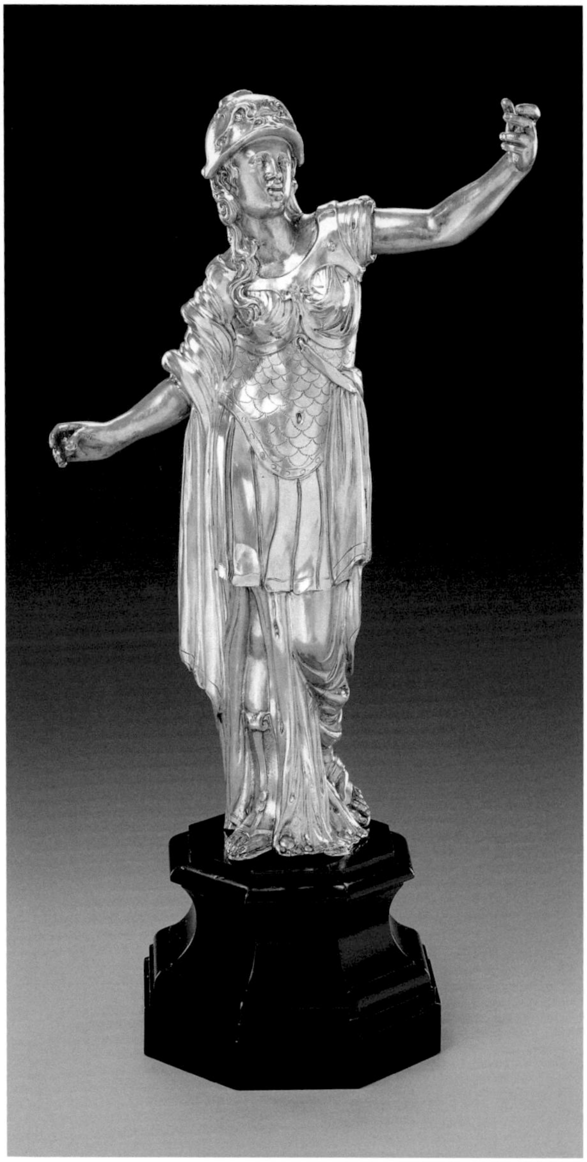

1] **Giove e Atena:** le due figure d'argento sono – con l'eccezione di un solo altro esemplare – le uniche opere sopravvissute della Stanza d'Argento la cui collezione fu fatta fondere da Augusto il Forte nel 1772. Abraham I Drentwett da Augusta creò le figure probabilmente attorno al 1650.
Júpiter y Palas Atenea: estas dos figuras son, además de una tercera, las únicas piezas que se conservan del salón de la plata blanca, cuyo contenido fue fundido en 1772 por Augusto el Fuerte. Abraham I Drentwett de Augsburgo creó las figuras alrededor de 1650.
Юпитер и Афина: Обе серебряные фигуры представляют собой – с одним исключением – единственные сохранившиеся экспонаты серебряной комнаты, коллекция которой была расплавлена по приказу Августа Сильного в 1772 году. Аугсбургский мастер Абрахам I Дрентветт создал эти фигуры примерно в 1650 году.

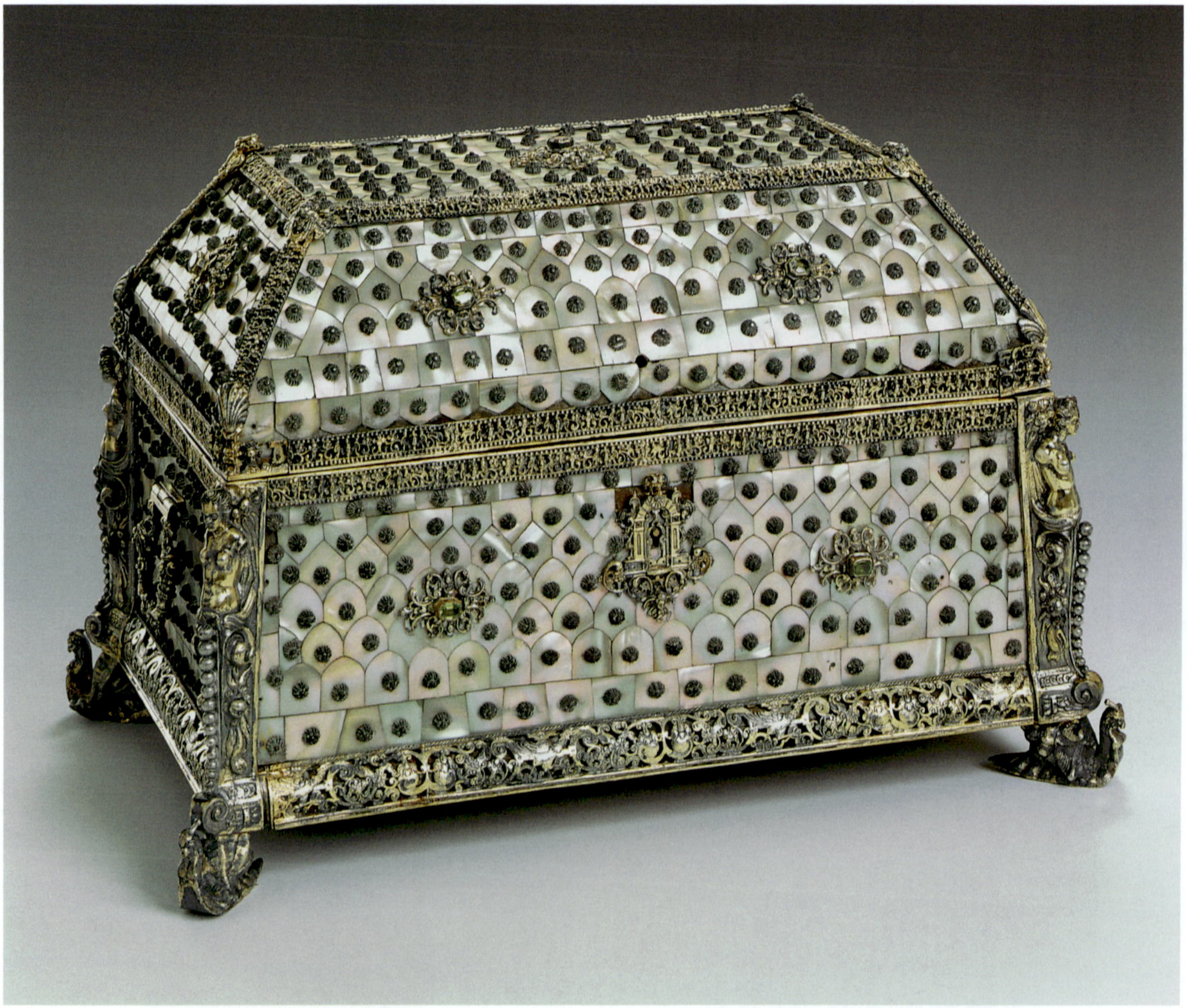

2] **Cofanetto da esibizione:** questi lavori in madreperla indiana del 16° secolo furono applicati con una montatura da oreficeria da Nicolaus Schmidt da Norimberga. Il Grünes Gewölbe possiede la più ampia collezione mondiale di cofanetti in madreperla.
Magnífico cofre: esta obra india del siglo XVI realizada en nácar está dotada de monturas de orfebrería de Nicolaus Schmidt de Núremberg. El Grünes Gewölbe reúne la mayor colección de cofres de nácar del mundo.
Парадная шкатулка: Индийская работа из перламутра 16 века дополнена ювелирной оправой Николауса Шмидта (Нюнберг). »Грюнес Гевёльбе« обладает самой большой коллекцией шкатулок из жемчуга во всём мире.

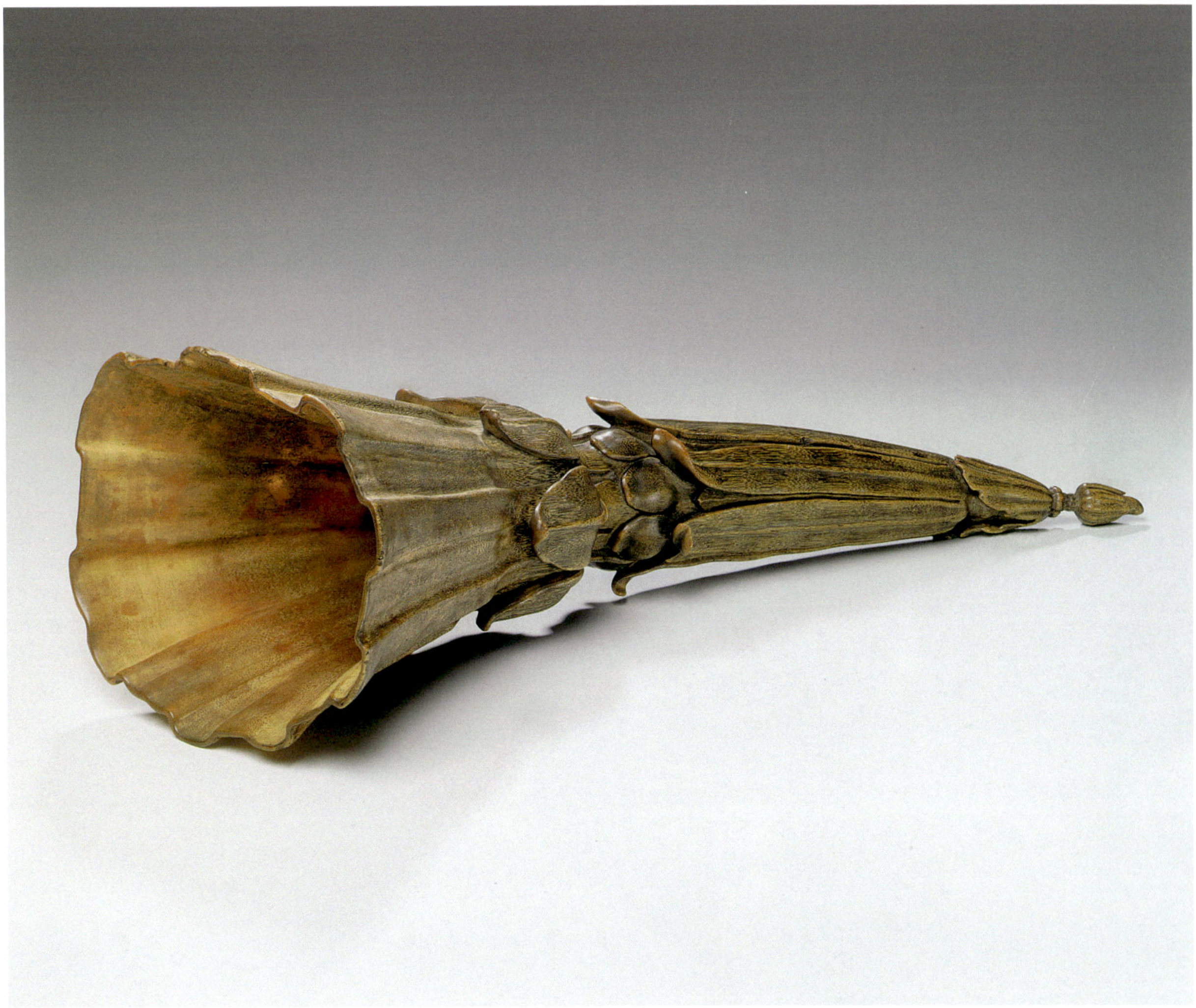

3] **Corno per bere a forma di calice:** questo corno per bere di eccezionale lunghezza (46,5 cm) è fatto con il corno di un rinoceronte africano e venne creato con tutta probabilità da Nicolaus Pfaff (Praga, prima del 1612).
Cuerno para beber en forma de cáliz: este cuerno para beber excepcionalmente largo (46,5 cm) está elaborado a partir del cuerno de un rinoceronte africano. Probablemente lo creó Nicolaus Pfaff (Praga, anterior a 1612).
Рог для вина в форме цветочной чашечки: Этот необычайно длинный рог (46,5 см.) создан из рога африканского носорога предположительно Николаусом Пфафом (Прага, до 1612 г.).

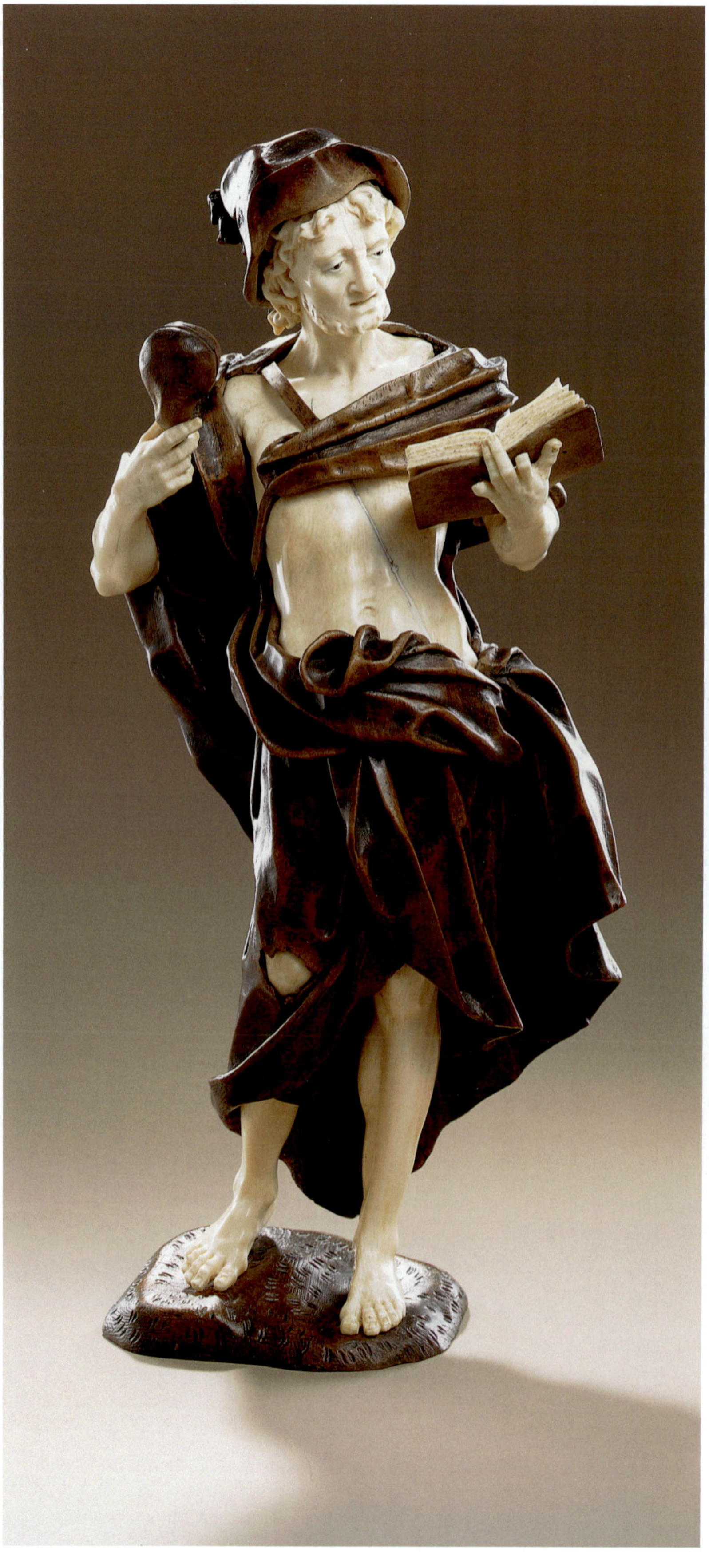

4] **Il ratto di Proserpina e Mendicante con libro:** le figure consistono in un gran numero di pezzi di avorio lavorati singolarmente e assemblati. Le giunture sono nascoste ad arte da indumenti realizzati in legno. Simon Troger, che aveva un'officina a Monaco e creò il »Ratto di Proserpina« prima del 1750, era un eccezionale maestro di questa tecnica. Il mendicante è opera di Matthias Kolb (attorno al 1730).

El rapto de Proserpina y mendigo con libro: las figuras constan de numerosas piezas de marfil talladas individualmente y unidas artísticamente de forma que las uniones están revestidas con ropajes de madera. Simon Troger, que poseía un taller en Múnich y era un maestro en esta técnica, realizó el »Rapto de Proserpina« antes de 1750. El »Mendigo« es de Matthias Kolb (aprox. 1730).

Похищение Прозерпины и Нищий с книгой: Эти фигуры состоят из большого количества отдельно вырезанных кусочков слоновой кости, соединённых между собой. Места соединения искусно скрыты прослойками из дерева. Этой техникой работы великолепно владел Симон Трогер, который в собственной мастерской в Мюнхене и выполнил до 1750 года композицию »Похищение Прозерпины«. »Нищий с книгой« – работа рук мастера Матиаса Кольба (ок. 1730 г.).

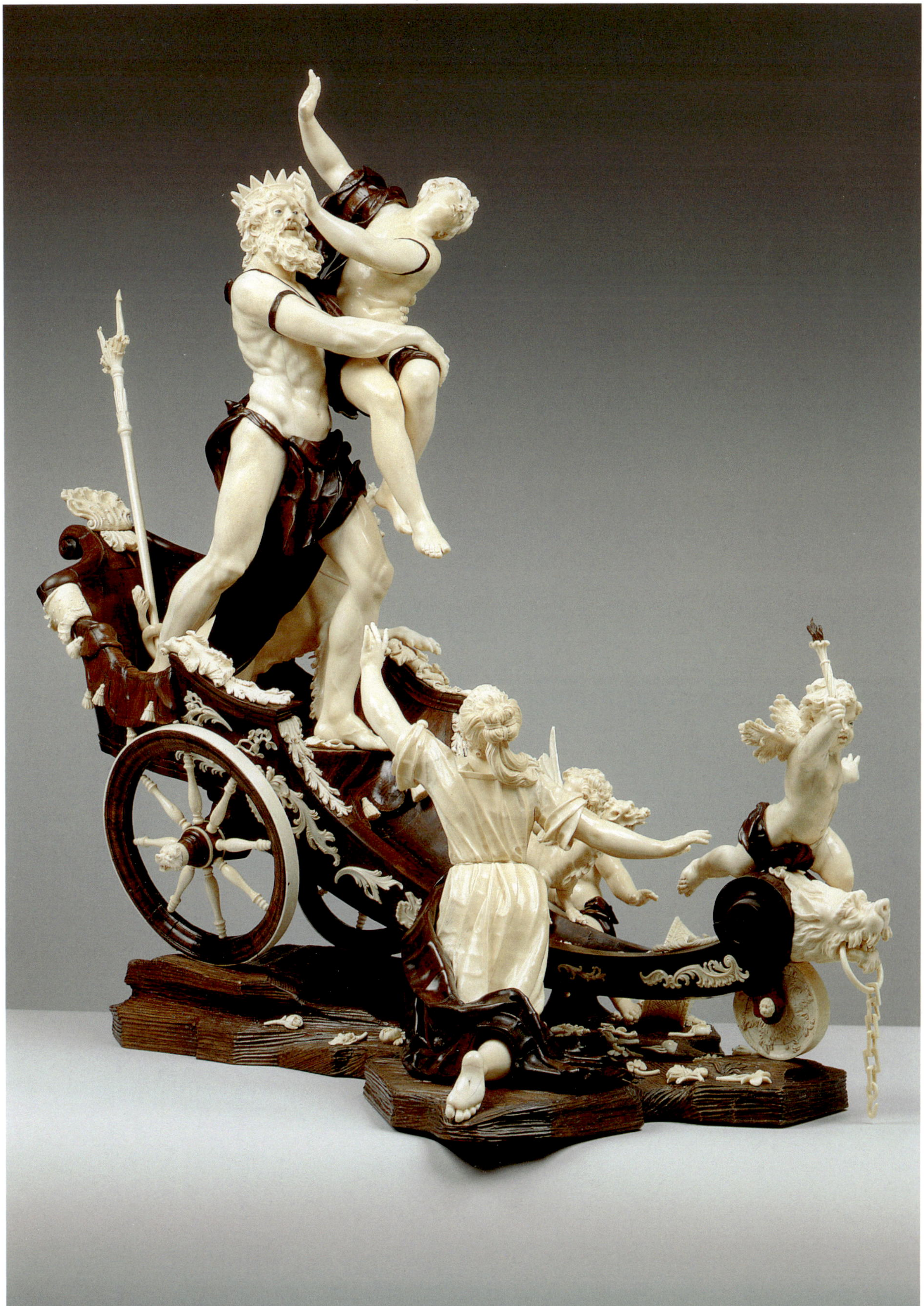

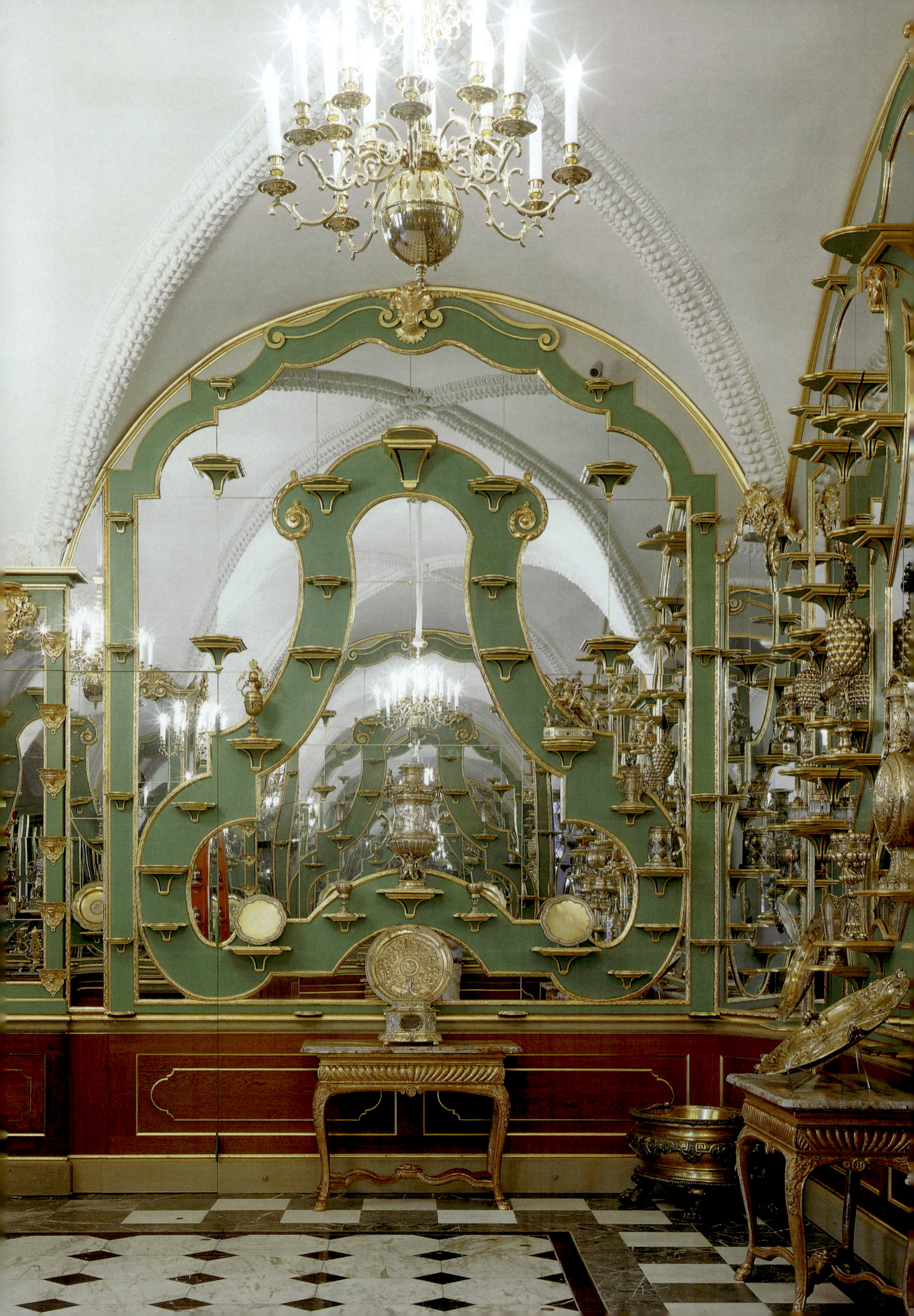

STANZA DELL'ARGENTO DORATO / SALA DE LA PLATA DORADA / СЕРЕБРЯНО-ПОЗОЛОЧЕННАЯ КОМНАТА

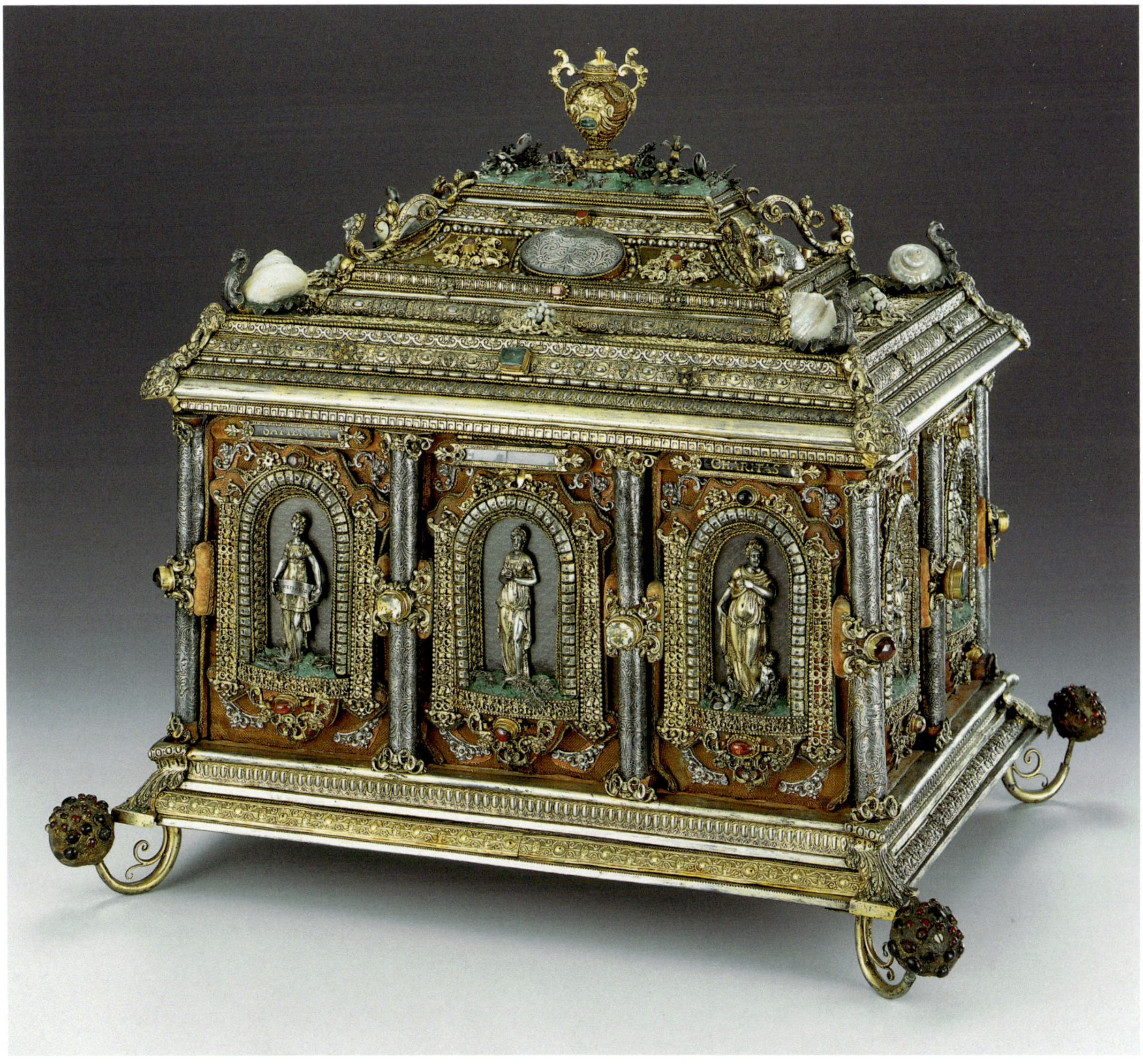

1] **Cofanetto da esibizione:** il principe elettore Christian I ricevette questa cassettina del cucito nel 1590 come dono per il nuovo anno da parte della suocera, l'Elettrice Elisabetta di Brandeburgo.
Magnífico cofre: el príncipe elector Cristian I recibió este cofrecillo de costura en 1590 como regalo de año nuevo de su suegra, la princesa electora Isabel de Brandenburgo.
Парадная шкатулка: Курфюст Кристиан I получил эту шкатулку для швейных принадлежностей в 1590 году в подарок к Новому году от своей свекрови, курфюстины Елизаветы Бранденбургской.

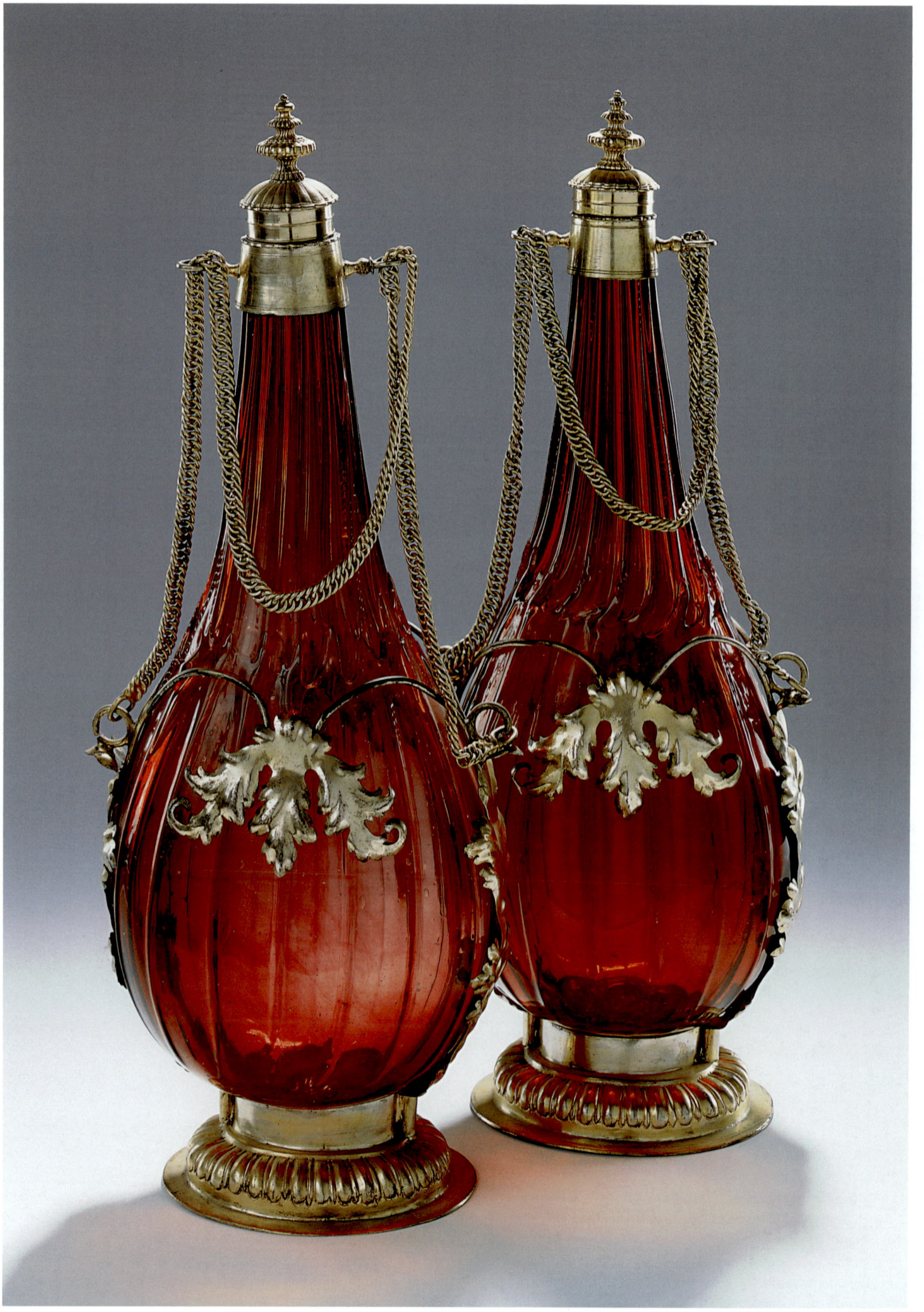

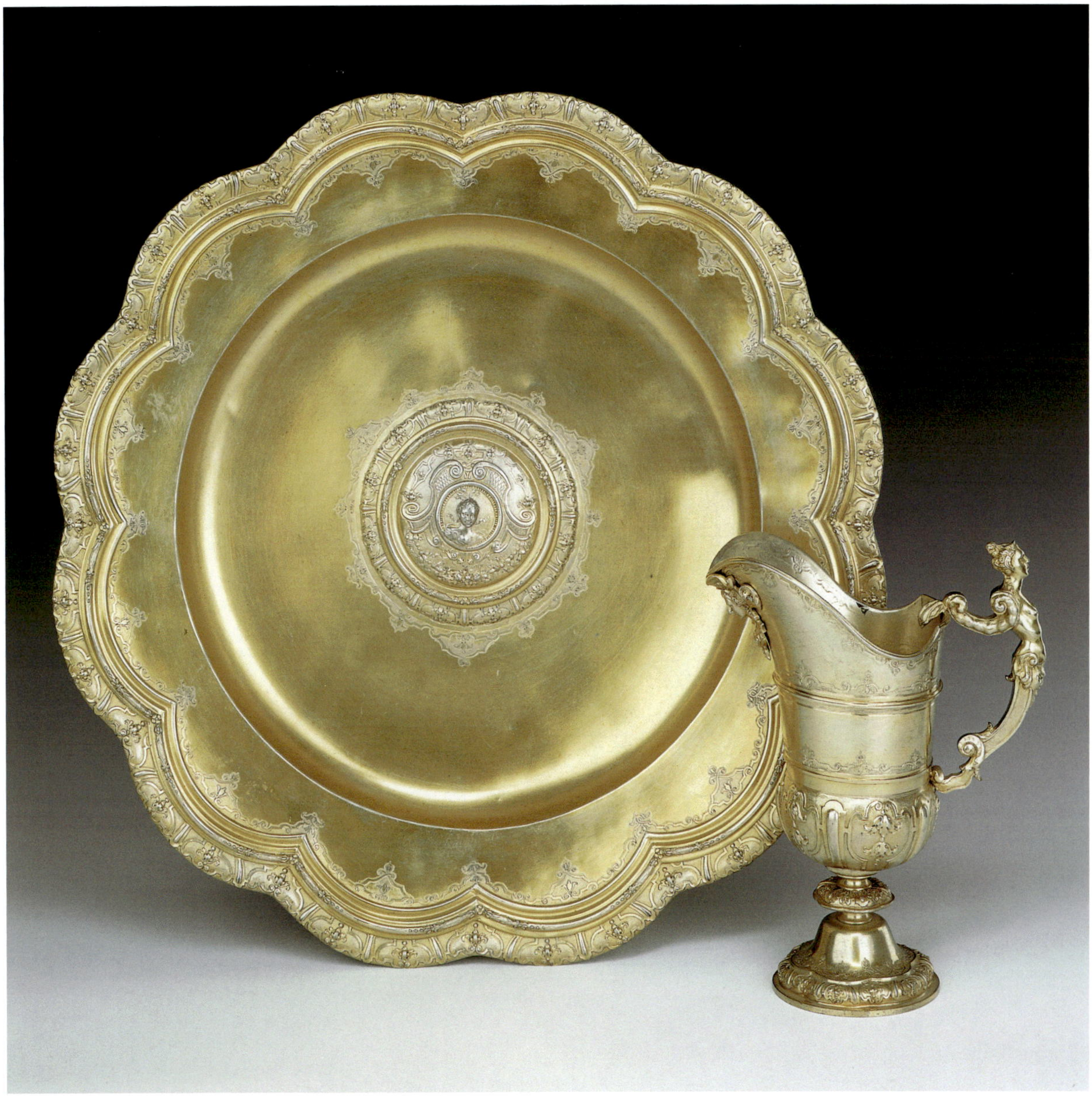

2] **Bottiglie con catenelle:** le bottiglie sono fatte di vetro rubino prodotto tramite una tecnica estremamente complicata, che fu inventata dall'alchimista e vetraio Johannes Kunckel (1620–1703). La montatura in argento dorato fu realizzata da Samuel Baur da Augusta (1700–05).
Botellas con cadenas: estas botellas están hechas de vidrio rubí, elaborado con una técnica extremadamente complicada inventada por el alquimista y vidriero Johannes Kunckel (1620–1703). La montura, de orfebrería, es de Samuel Baur de Augsburgo (1700–05).
Сосуды с цепочками: Эти сосуды выполнены из рубинового стекла с использованием очень сложной техники, которую изобрёл алхимик и мастер по стеклу Иоаннес Кункель (1620–1703 г.г.). Отделка из серебра и позолоты – работа рук мастера из Аугсбурга Самуэла Баура (1700–05 г.г.).

3] **Brocca e catino:** questi preziosi recipienti ad opera di Johann Erhard II Heuglin furono realizzati (1717–18) per le celebrazioni del matrimonio del principe ereditario con Maria Josepha, la figlia dell'imperatore. Nel 1733 un totale di 17 servizi di brocche e catini di questo tipo furono esposti in questa stanza di argento dorato quasi completamente rivestita di specchi.
Jarra y jofaina: estas preciosas vasijas de Johann Erhard II Heuglin fueron creadas (1717–18) para las celebraciones nupciales del príncipe elector heredero y la hija del emperador Habsburgo, Mª Josefa. En 1733, un total de 17 juegos de jarras y jofainas de este tipo adornaban la sala de la plata dorada, que estaba cubierta de espejos en su práctica totalidad.
Кувшин и лохань: Эти посудины из благородного металла были изготовлены Иоанном Эрхардом II Хойглином (1717–18 г.г.) на празднование свадьбы наследника курфюста и дочери кайзера Марии Жозефы. Всего 17 таких гарнитуров украшали в 1733 году серебряно-позолоченную комнату, которая почти вся была увешана зеркалами.

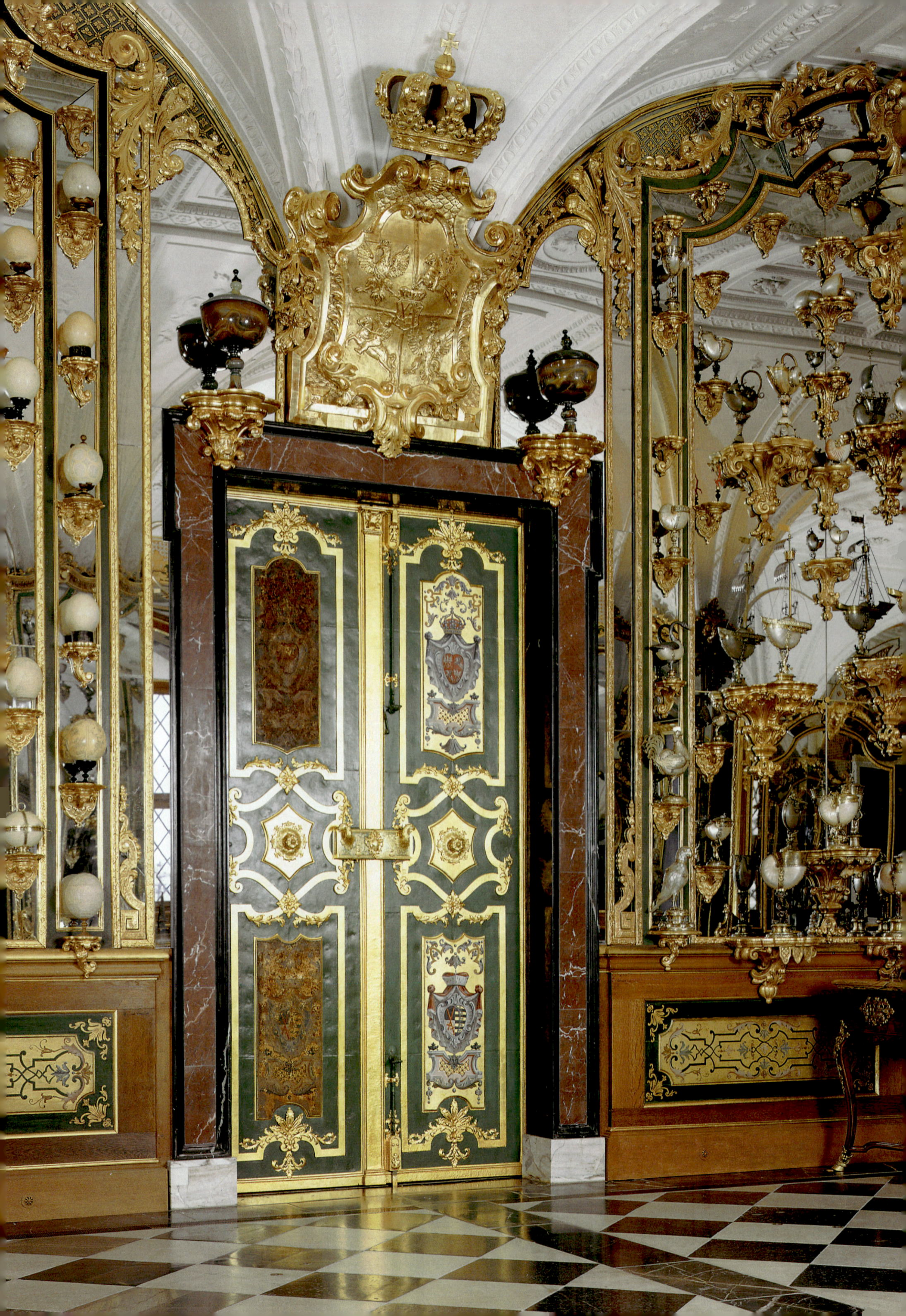

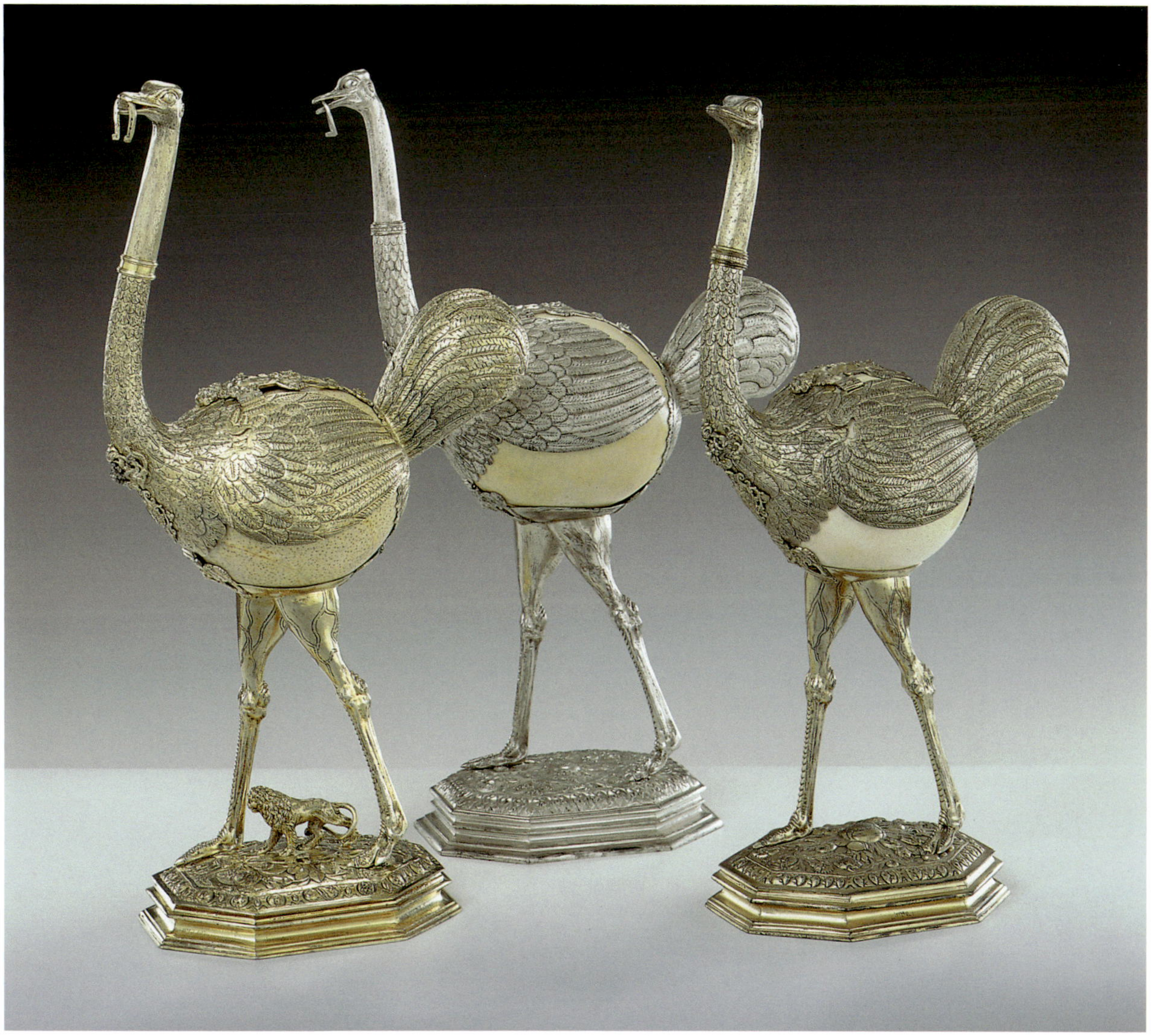

1] **Coppa di uova di struzzo:** l'orafo di Lipsia Elias Geyer, eccentrico e dalle grandi qualità, aveva una predilezione per bizzarrie e materiali esotici, evidenziata chiaramente da queste coppe di uova di struzzo che sono alte 46 cm (1589–95).
Copas con huevo de avestruz: el excéntrico orfebre de Leipzig Elias Geyer, poseedor de un talento excepcional, tenía una marcada predilección por lo estrafalario y por los materiales exóticos, lo que se refleja claramente en estas copas con huevo de avestruz (1589–95), con sus más de 46 cm de altura.
Кубки в виде страусов: Своенравный, чрезвычайно одарённый ювелир из Лейпцига Элиас Гайер имел пристрастие к гротескам и экзотическим материалам, что хорошо заметно по его страусиным кубкам, чья высота достигает более 46 см.

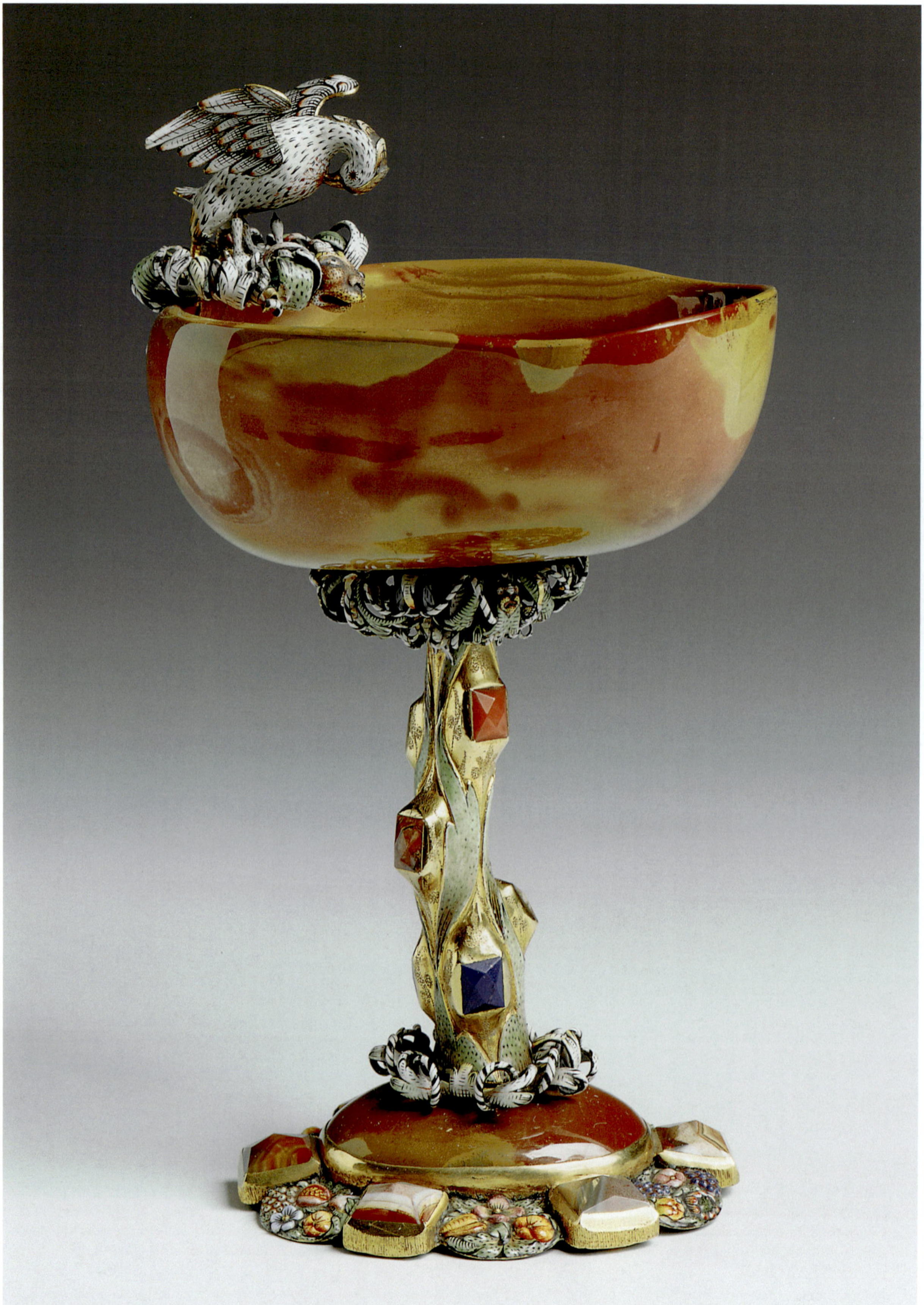

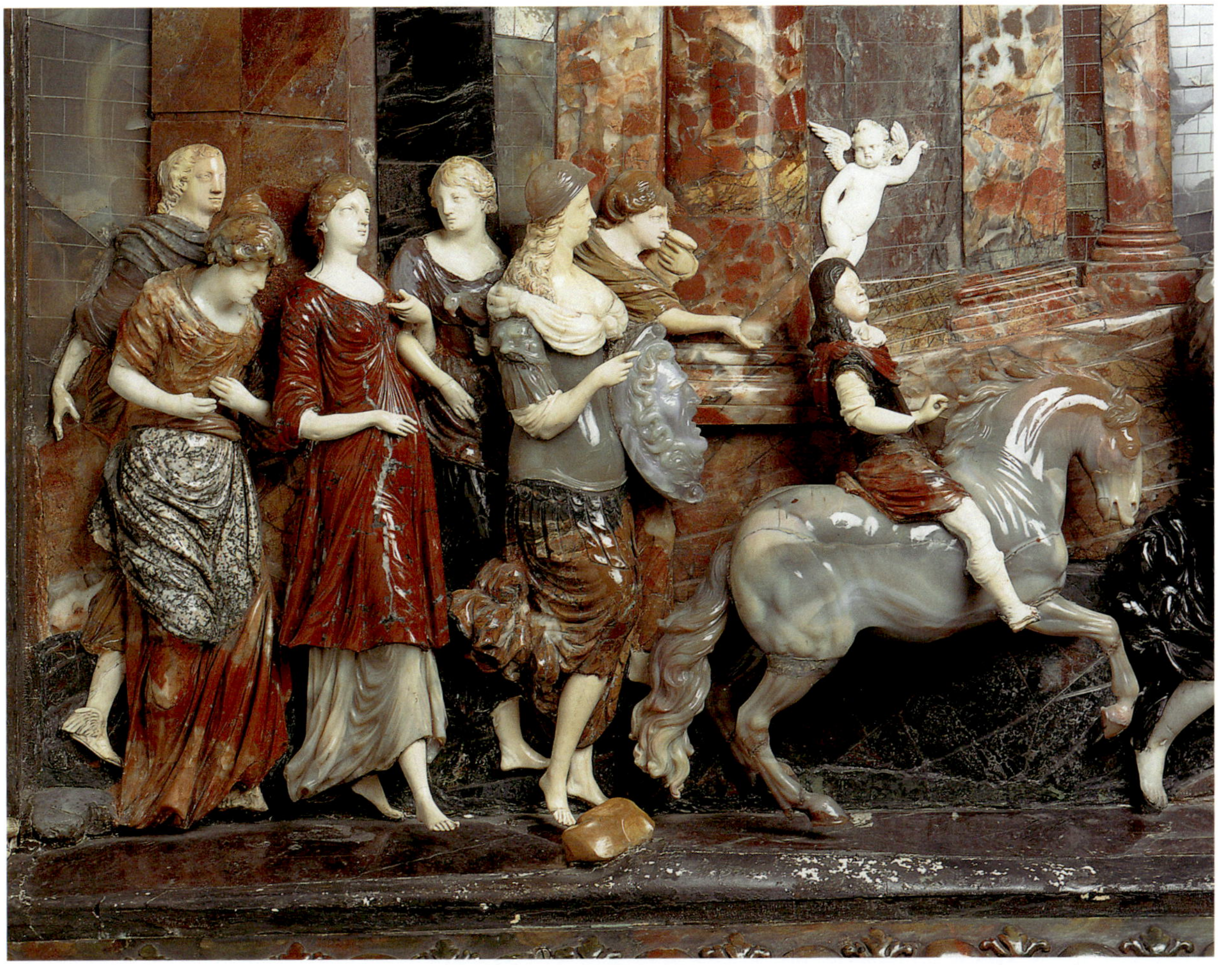

2] **Scodella ovale coronata da un pellicano con i propri piccoli:** la scodella in diaspro rosso è sorretta da un tronco fatto di oro compatto con fogliame smaltato. Il pellicano, che sfama i propri piccoli con il sangue del suo petto lacerato, è un simbolo cristiano della morte come sacrificio del Redentore.
Cuenco ovalado coronado con un pelícano con sus crías: el cuenco, de jaspe rojo, está sostenido por un tronco de árbol de oro macizo con follaje esmaltado. El pelícano, que alimenta a sus crías con la sangre de la herida de su pecho, es un símbolo cristiano que representa el sacrificio y la muerte del Redentor.
Овальная чаша, увенчанная пеликаном с птенцами: Эта чаша из красной яшмы располагается на стволе дерева, изготовленного из золота высшей пробы с глазуревым лиственным орнаментом. Пеликан, кормящий своих птенцов кровью из своей разбитой клювом груди, олицетворяет христианский символ самопожертвования Спасителя.

3] **Mensola di camino, dettaglio:** il gruppo di figure composto da vari tipi di pietre preziose è uno dei principali esempi tedeschi di arte dell'intaglio della pietra e fu realizzato da Christoph Labhardt tra il 1671 e il 1679.
Detalle de la repisa de la chimenea: el retablo, compuesto de diversas piedras preciosas talladas y ensambladas, es una de las obras más representativas del arte alemán de la talla de gemas, y fue creado por Christoph Labhardt entre 1671 y 1679.
Каминная доска, деталь: Эта репродукция, составленная из резных драгоценных камней и являющаяся одной из центральных работ немецкого ювелирного искусства, изготовлена Христофом Лабхардтом в период между 1671 и 1679 г.г.

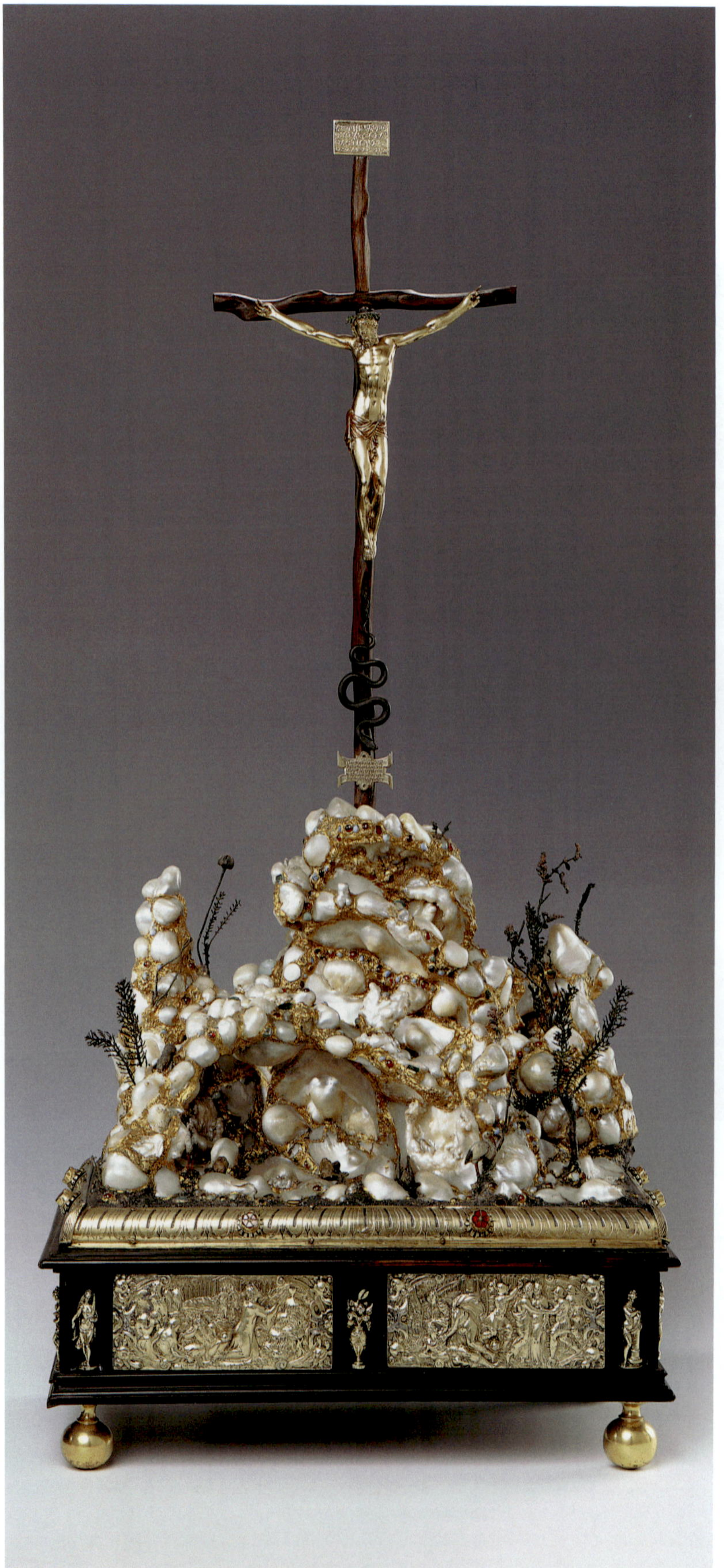

4] **Calvario:** questo Calvario (1577) è composto da conchiglie di madreperla e preziose perle irregolari. La roccia del Golgota poggia su un piedistallo di ebano al quale l'orafo di Norimberga Elias Lencker applicò sei rilievi con scene tratte dalla Passione di Cristo.

El Monte del Calvario: este calvario (1577) está compuesto por conchas de nácar y valiosas perlas irregulares. El risco del Gólgota descansa sobre un pedestal de madera de ébano sobre el cual el orfebre Elias Lencker de Núremberg aplicó seis relieves con escenas de la Pasión de Cristo.

Голгофа: Эта »Голгофа« (1577 г.) изготовлена из перламутровых раковин и дорогостоящих жемчужин неправильной формы. Скала Голгофы расположена на цоколе из эбенового дерева, на котором нюнбергский ювелир Элиас Ленкер поместил сцены из Страстей (Страданий) Христовых.

5] **Cofanetto in cristallo di rocca:** i cassetti sono nascosti dietro l'architettura orizzontale del cofanetto. Questo cofanetto per oggetti da collezione fu realizzato a metà del 17° secolo, probabilmente in Italia.

Armario de cristal de roca: tras la estructura horizontal de ébano hay varios cajones ocultos. Este armario para coleccionar objetos fue realizado a mediados del siglo XVII, probablemente en Italia.

Шкафчик из горного хрусталя: За горизонтальной структурой из эбенового дерева скрываются два ящичка. Этот коллекционный шкафчик был изготовлен предположительно в Италии в середине 17 века.

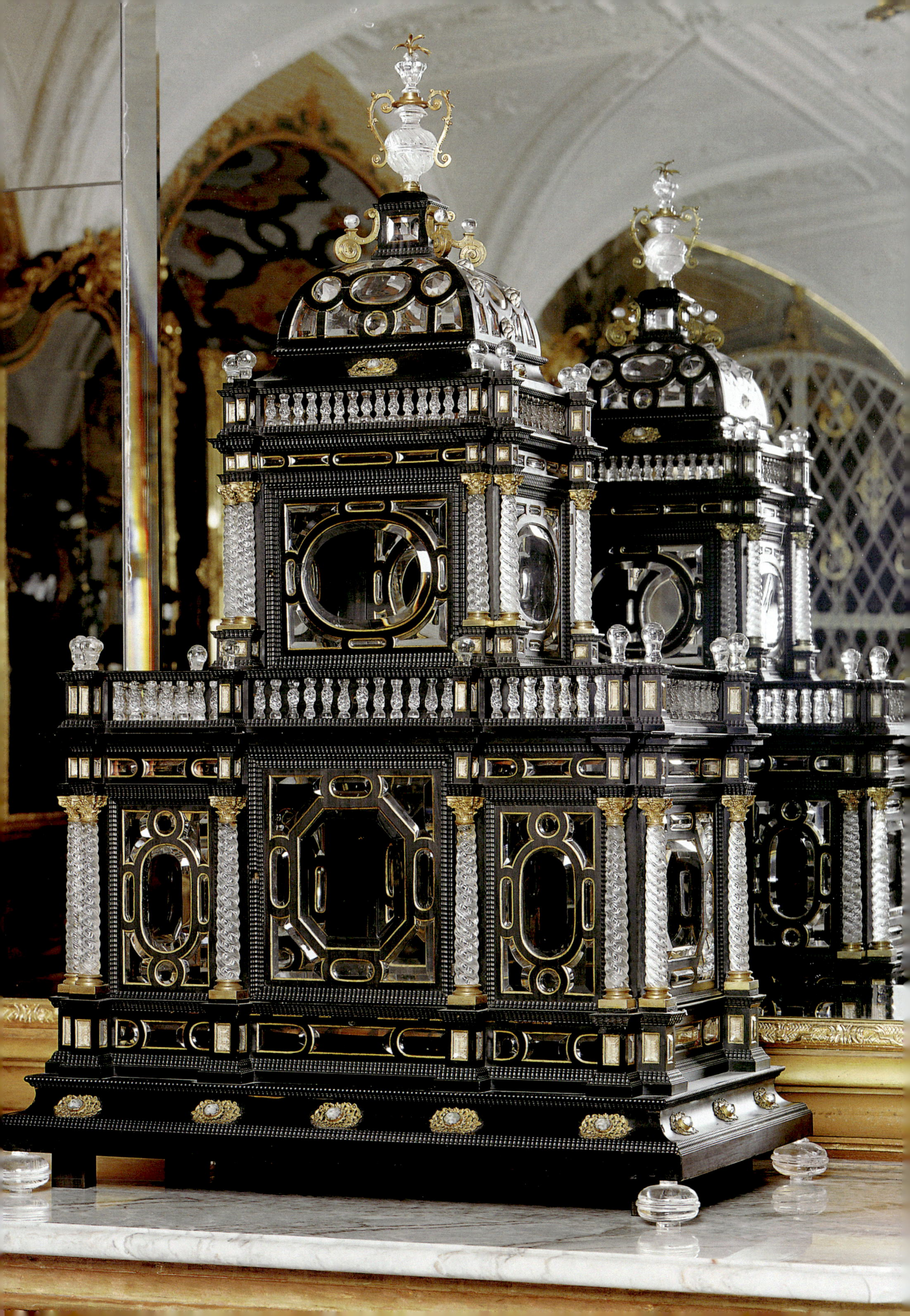

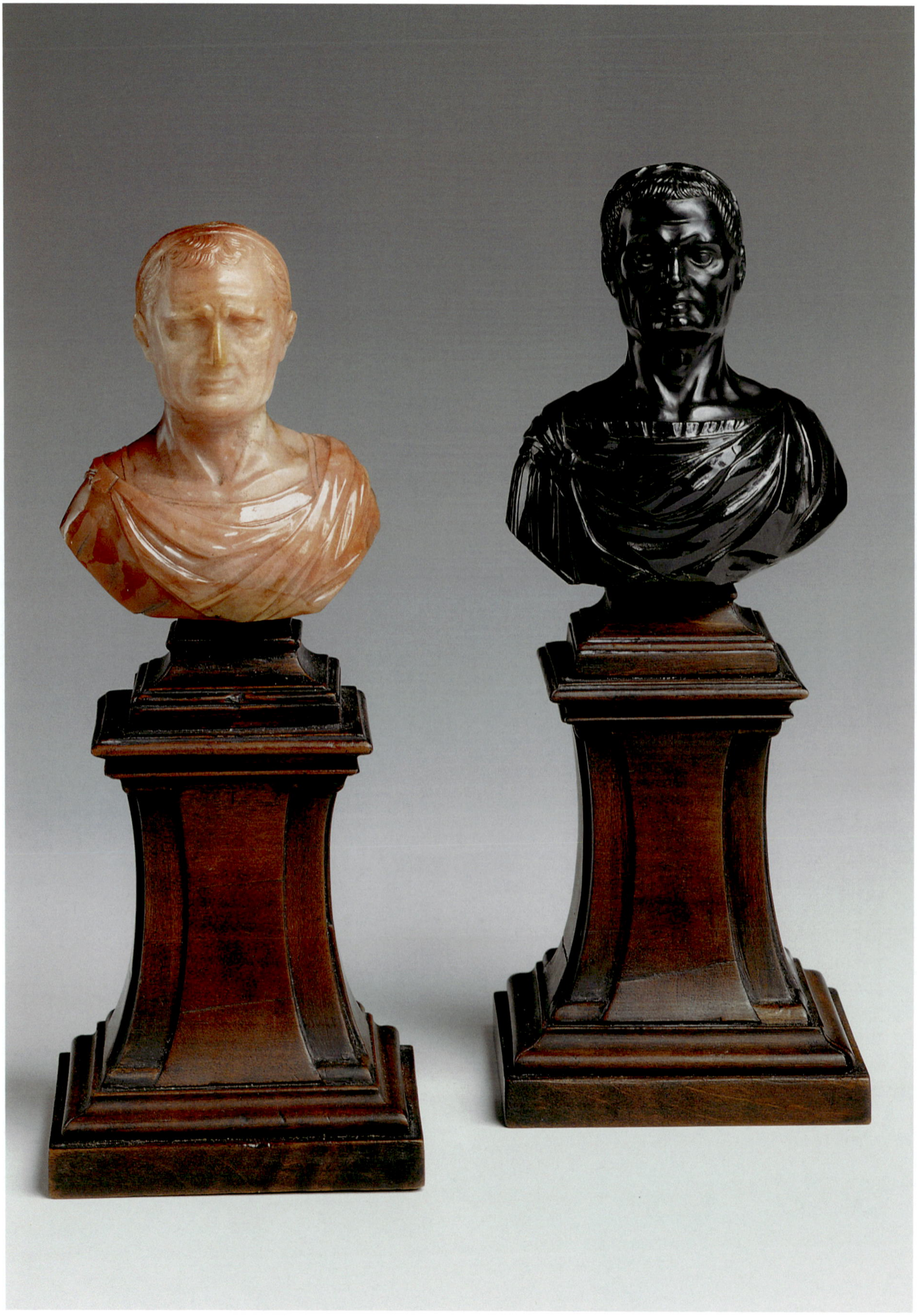

6] **Due busti di imperatori romani:** Augusto il Forte era appassionato di busti che raffiguravano governanti realizzati in pietre preziose, la maggior parte dei quali venivano montati su piedistalli di legno. Questi due busti, della seconda metà del 17° secolo, sono realizzati in calcedonio ed eliotropio.

Dos bustos de emperadores de la antigüedad: Augusto el Fuerte tenía una predilección especial por los bustos de soberanos trabajados en piedras preciosas y por lo general montados en pedestales de madera. Los dos bustos expuestos son de calcedonia y de heliotropo, y su origen se remonta a la segunda mitad del siglo XVII.

Два бюста античных императоров: Август Сильный имел пристрастие к бюстам властителей из драгоценных камней, которые в основном монтировались на деревянный цоколь.

7] **San Sebastiano:** il corpo del martire consiste in una grossa perla allungata. San Sebastiano venne torturato a causa della sua tenace e risoluta fede cristiana. La figura in perla era già parte della prima collezione di preziosi di Augusto il Forte, la quale venne ipotecata nel 1706.

San Sebastián: una gran perla oblonga conforma el cuerpo de este mártir, que fue torturado por mantenerse firme a su fe cristiana. Esta figura ya se encontraba en la primera colección de preciosidades de Augusto el Fuerte, que fue empeñada en 1706.

Святой Себастьян: Этот мученик, тело которого состоит из одной продолговатой жемчужины, был подвергнут пыткам из-за своей стойкой веры в Христа. Эта фигура являлась частью первой коллекции драгоценностей Августа Сильного, которая была заложена в 1706 году.

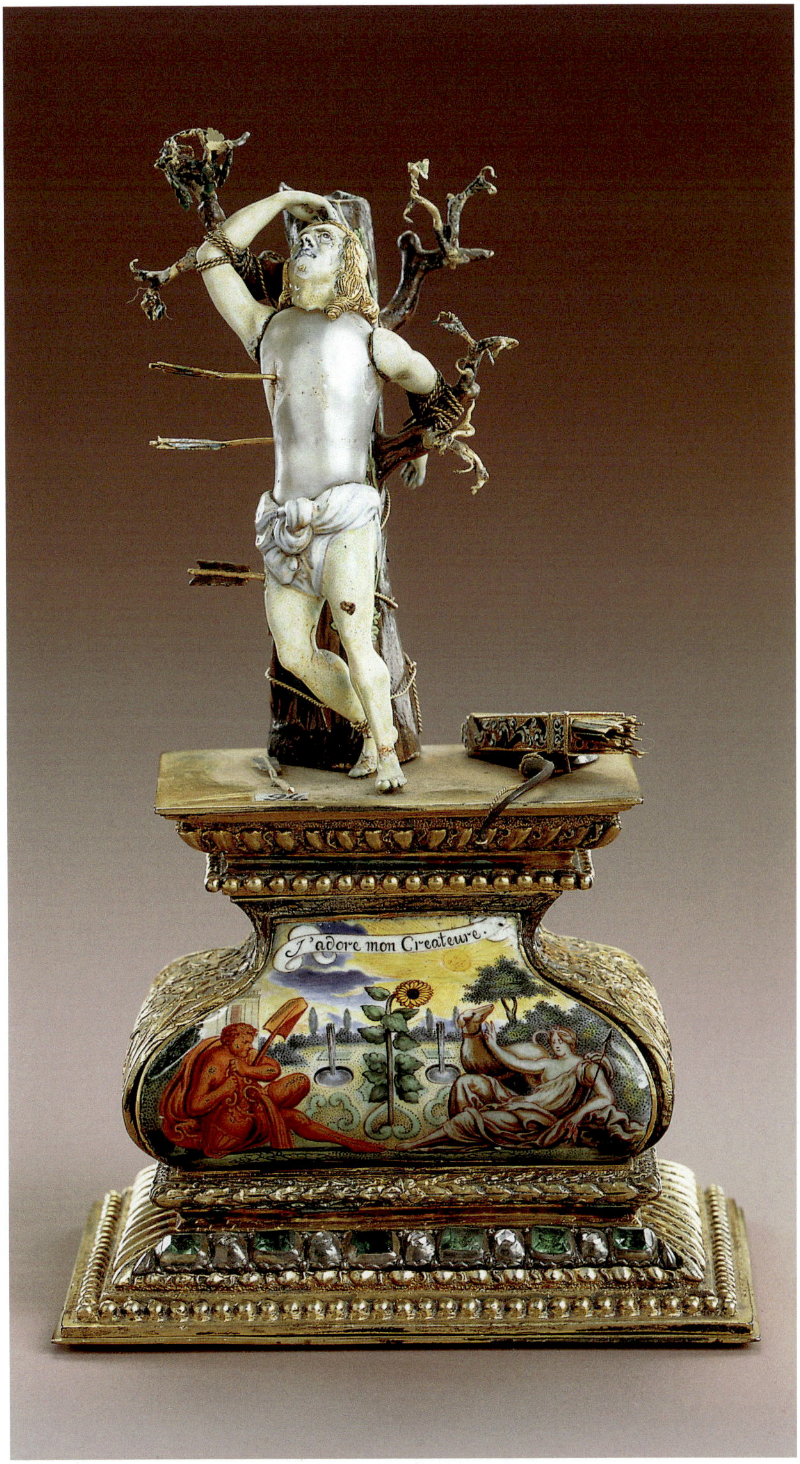

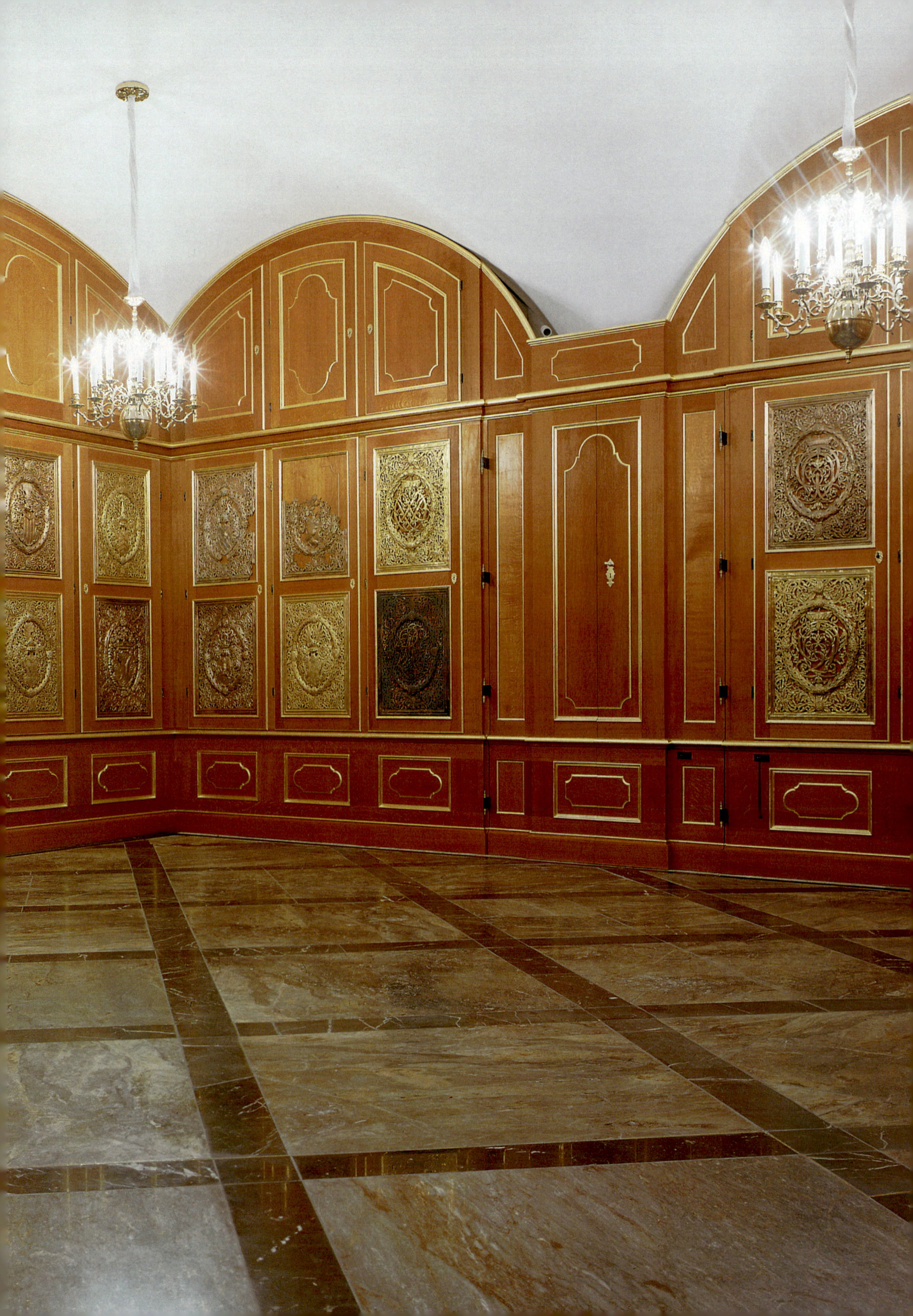

STANZA DELLO STEMMA / SALA DE LOS ESCUDOS / ГЕРБОВАЯ КОМНАТА

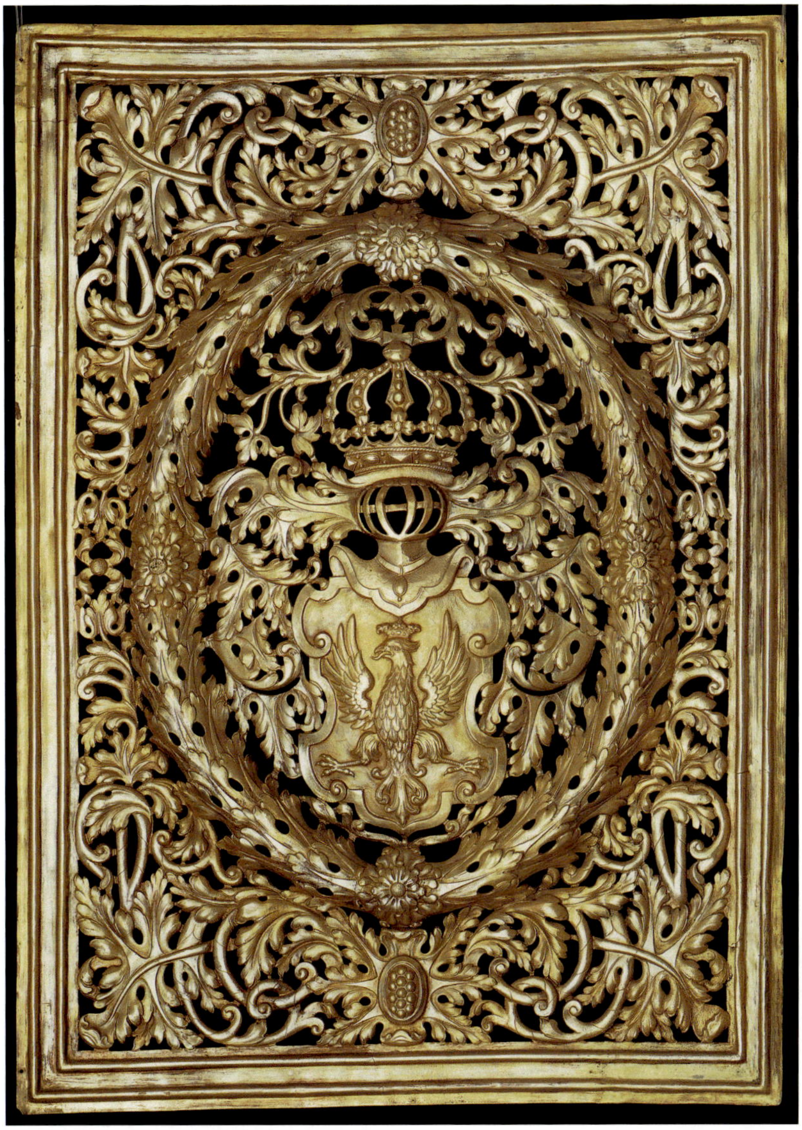

1] **Scudo araldico:** nell'estate del 1697 Augusto il Forte venne eletto re di Polonia dalla nobiltà polacca e lituana in un'elezione che non fu priva di controversie. Qui si vede lo scudo araldico del regno di Polonia, eseguito in rame da Christian Friedrich Holland (1727–28).
Escudo de armas: en el verano de 1697, Augusto el Fuerte fue elegido Rey de Polonia por los nobles polacos y lituanos, en el curso de unas polémicas elecciones. Aquí puede observarse el blasón del Reino de Polonia, realizado en cobre por Christian Friedrich Holland (1727–28).
Гербовый щит: Летом 1697 года Август Сильный был избран польскими и литовскими дворянами королём Польши и великим герцогом Литвы. Эти выборы нельзя было назвать бесспорными. Здесь представлен гербовый щит польского королевства, который изготовил из меди Кристиан Фридрих Холланд в 1727–28 г.г.

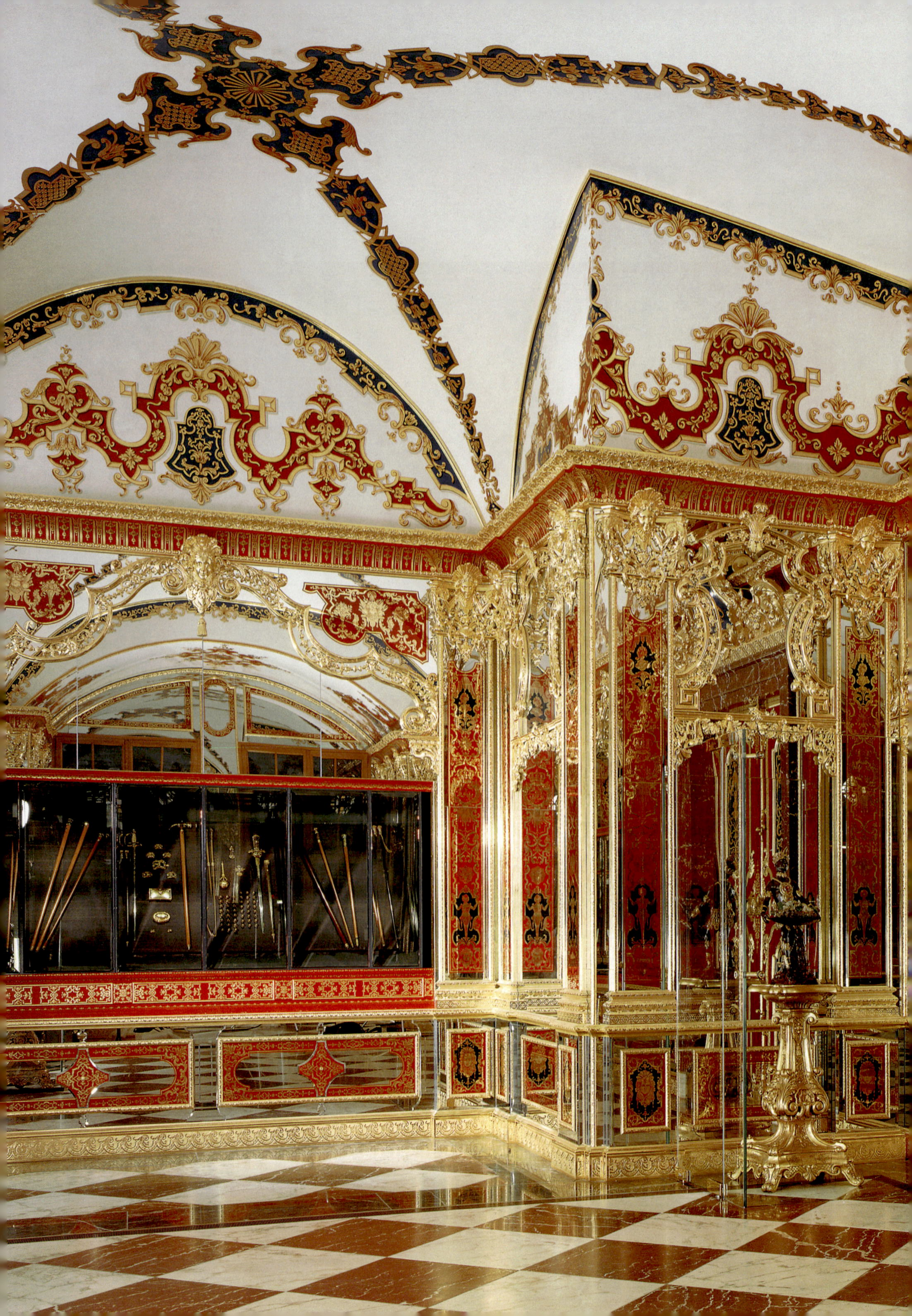

STANZA DEI GIOIELLI / SALA DE LAS JOYAS / ЮВЕЛИРНАЯ КОМНАТА

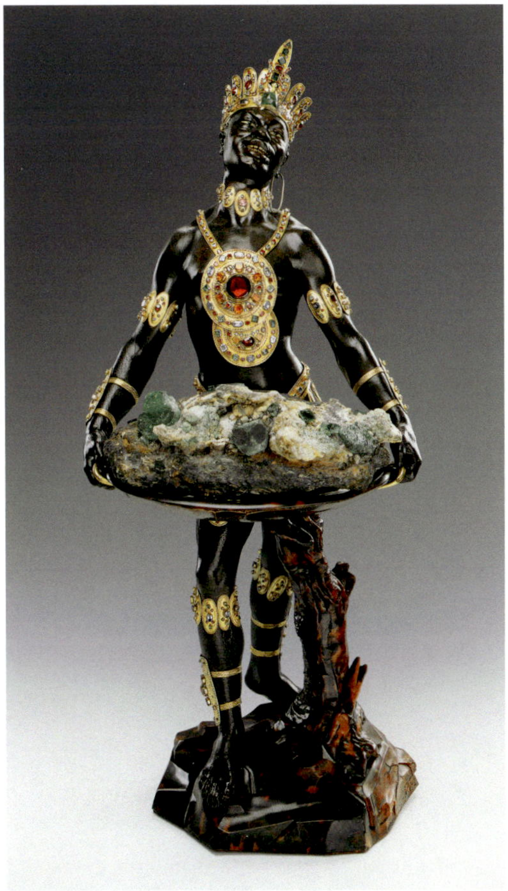

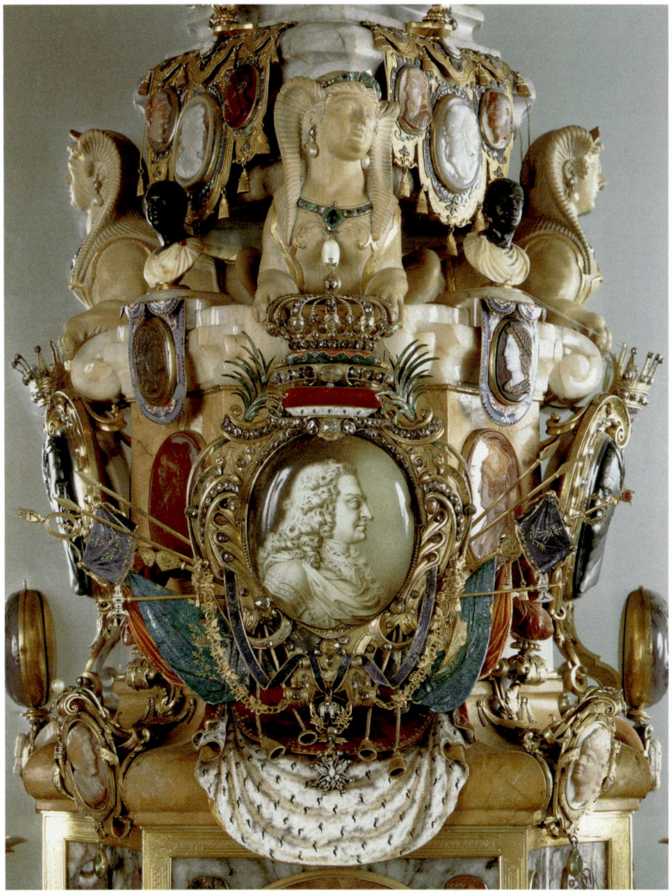

1] **Moro con vassoio di smeraldi:** a giudicare dal suo costume e dai gioielli, la statuetta in legno di pero, che Balthasar Permoser realizzò probabilmente nel 1774, rappresenta un indiano. Essa mostra un oggetto prezioso che l'imperatore Rodolfo II regalò al Principe Elettore Augusto nel 1581: un vassoio di smeraldi colombiani.

Moro con bandeja de esmeraldas: a juzgar por su atuendo y sus joyas, esta estatuilla esculpida por Balthasar Permoser en madera de peral alrededor de 1774, representa a un indio. Ofrece un objeto de gran valor que el emperador Rodolfo II le regaló al príncipe elector Augusto en 1581: una bandeja de esmeraldas colombianas.

Мавр с изумрудным штуфом: Судя по наряду и украшениям, это статуэтка индейца. Её изготовил Бальтазар Пермозер из дерева груши в 1724 году. Индеец держит в руках драгоценный предмет, а именно колумбианскую штуфу, которую Кайзер Рудольф II преподнес в качестве подарка курфюсту Августу в 1581 году.

2] **Obeliscus Augustalis:** questo inusuale monumento a un sovrano, opera di Johann Melchior Dinglinger, è un'opera di spicco della Schatzkunst del tardo Barocco. Il ritratto di Augusto il Forte con il copricapo elettorale della Sassonia e la corona di Polonia e Lituania, eseguito in smalto, è al centro di questo obelisco alto 228 cm.

Obeliscus Augustalis: este atípico monumento a un soberano, realizado por Johann Melchior Dinglinger, es una de las obras principales de joyería del barroco tardío. En el centro del obelisco, de 228 cm de altura, se encuentra el retrato, pintado con esmalte, de Augusto el Fuerte con el blasón del elector de Sajonia y la corona de Polonia-Lituania.

Обелиск Августа: Этот необычный монумент повелителю, изготовленный Иоанном Мельхиором Динглингером, является центральным произведением ювелирного искусства эпохи позднего барокко. В центре обелиска высотой 228 см. расположен портрет Августа Сильного, изображенный в глазуревых тонах, с саксонской геральдической (»Kurhut«) и польско-литовской короной.

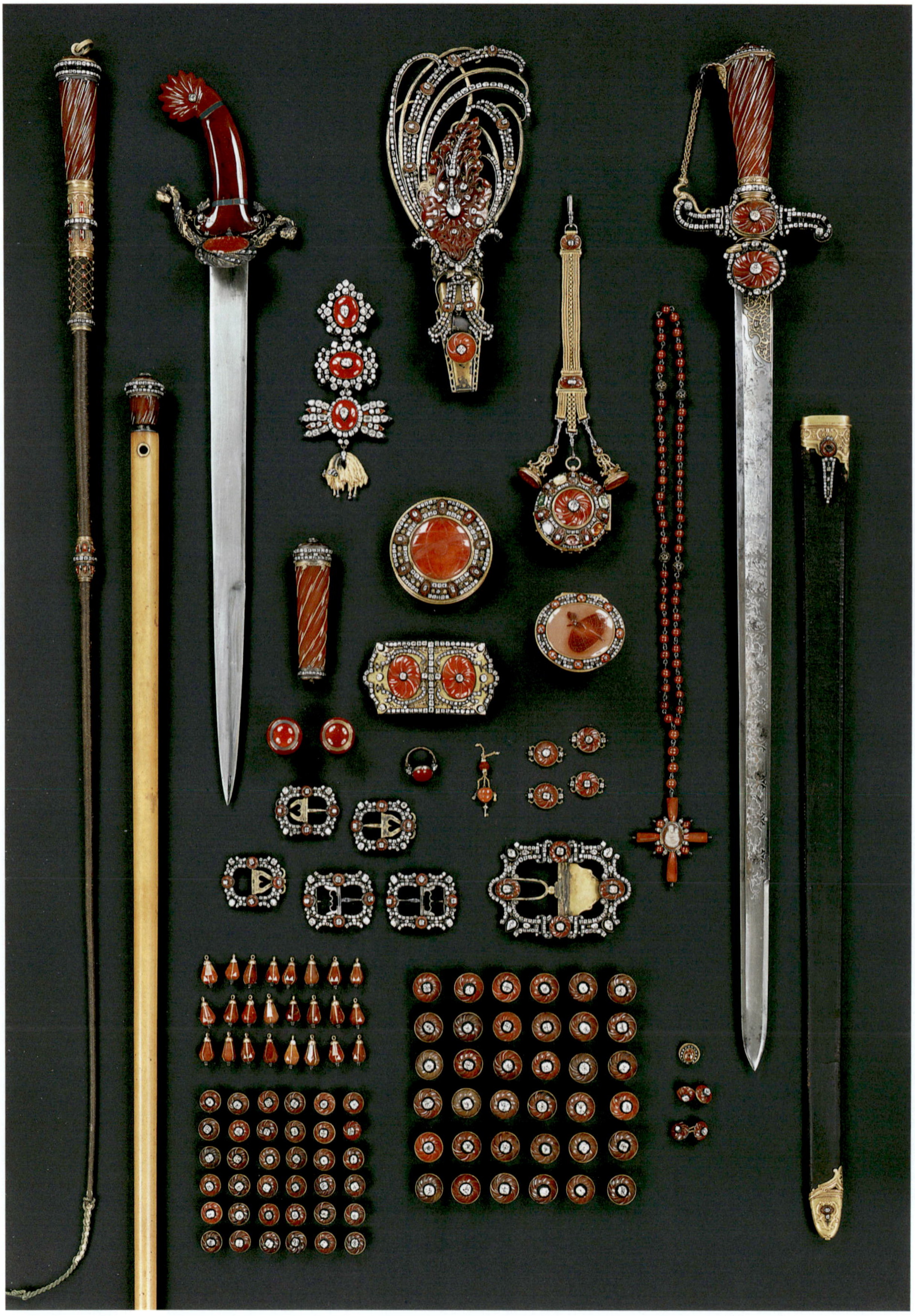

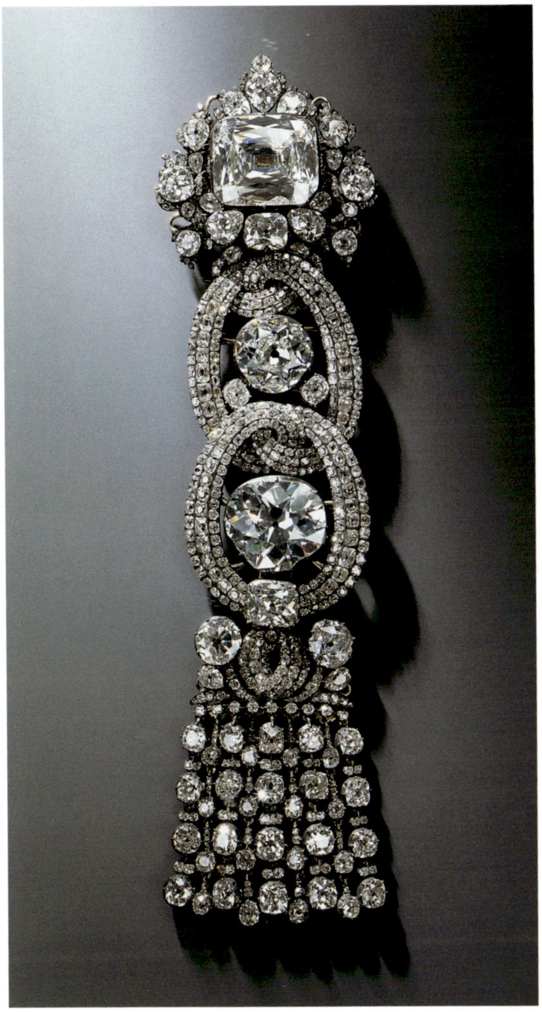

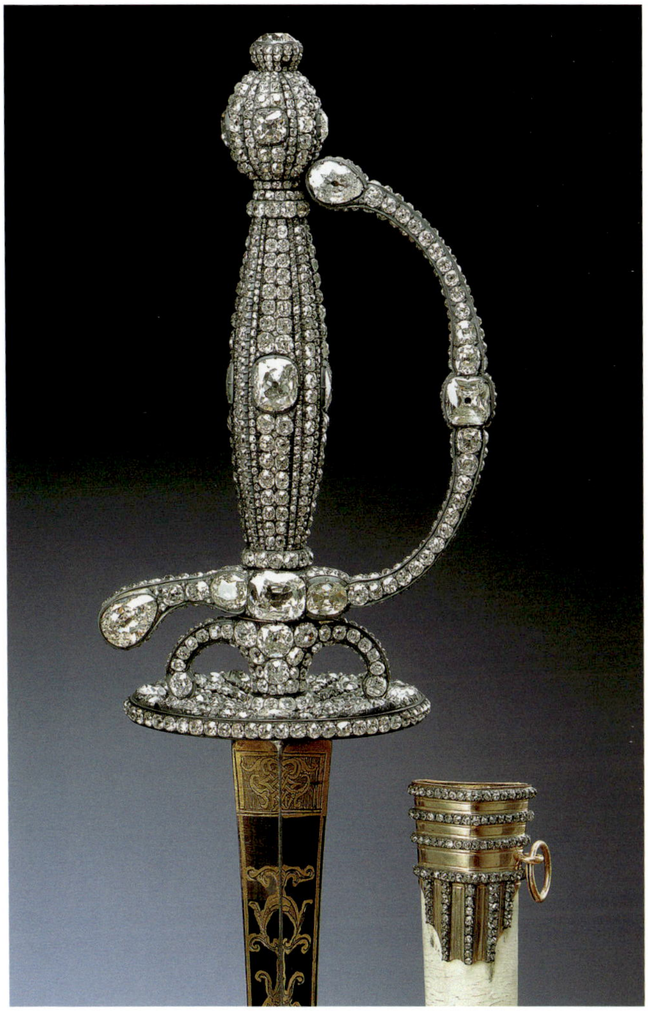

3] **Servizio in corniola:** Augusto il Forte acquistò la parte più consistente del servizio in corniola dal gioielliere di corte Johann Melchior Dinglinger in occasione delle celebrazioni di matrimonio di suo figlio Federico Augusto con la figlia dell'imperatore gran duchessa Maria Josepha a inizio autunno del 1719.

Juego de carnelia: Augusto el Fuerte adquirió la mayor parte del juego de carnelia del joyero de la corte Johann Melchior Dinglinger, con motivo de la celebración de las nupcias de su hijo Federico Augusto II y la Archiduquesa Mª Josefa, hija del emperador de la casa Habsburgo, a principios de otoño de 1719.

Гарнитур из сердолика: Август Сильный приобрёл у своего придворного ювелира Иоанна Мельхиора Динглингера наибольшую часть гарнитура из сердолика по случаю свадьбы своего сына Фридриха Августа с эрцгерцогиней Габсбургской и дочерью кайзера Марией Жозефой в начале осени 1719 года.

4] **Bianco Sassone:** la spallina con il Bianco sassone – con i suoi 49.84 carati il più grande brillante della Casa di Wettin – si indossava sulla spalla e fu realizzata da Christian August Globig negli anni che vanno dal 1782 al 1789.

Blanco de Sajonia: esta charretera con el »Blanco de Sajonia« – que con sus 49.84 quilates era el diamante más grande de la Casa de Wettin – se lucía en el hombro y fue realizada por Christian August Glaubig entre los años 1782 y 1789.

»Саксонский Белый«: Этот эполет с »Саксонским Белым« (»Sächsischer WeiIer«), являющимся при весе в 49,84 карат самым большим бриллиантом Дома Веттинов, носился на плече. Он был изготовлен Кристианом Августом Глобигом в 1782–89 г.г.

5] **Spada da esibizione con fodero:** la spada di corte con fodero, appartenente al servizio di diamanti – di gran lunga il più prezioso fra i servizi di gioielli del Grünes Gewölbe – era l'articolo da esibizione più rimarchevole dell'abbigliamento di corte maschile. Christian August Globig creò un esemplare da esibizione finemente proporzionato con 2060 diamanti (tra il 1782 e 89).

Espada de la corona con vaina: la espada de la corona, del juego de brillantes – sin duda, el conjunto de joyas más preciado del Grünes Gewölbe – era el artículo más destacado del vestuario masculino de la corte. Christian August Globig creó (entre 1782 y 1789) una fastuosa arma perfectamente proporcionada con 2060 brillantes.

Шпага и ножны: Эта шпага из бриллиантового гарнитура – одного из драгоценнейших ювелирных гарнитуров »Грюнес Гевёльбе« – была самой яркой частью мужского дворянского гардероба. Кристиан Август Глобиг изготовил это роскошное оружие с невероятно правильными пропорциями из 2060 бриллиантов в 1782–89 г.г.

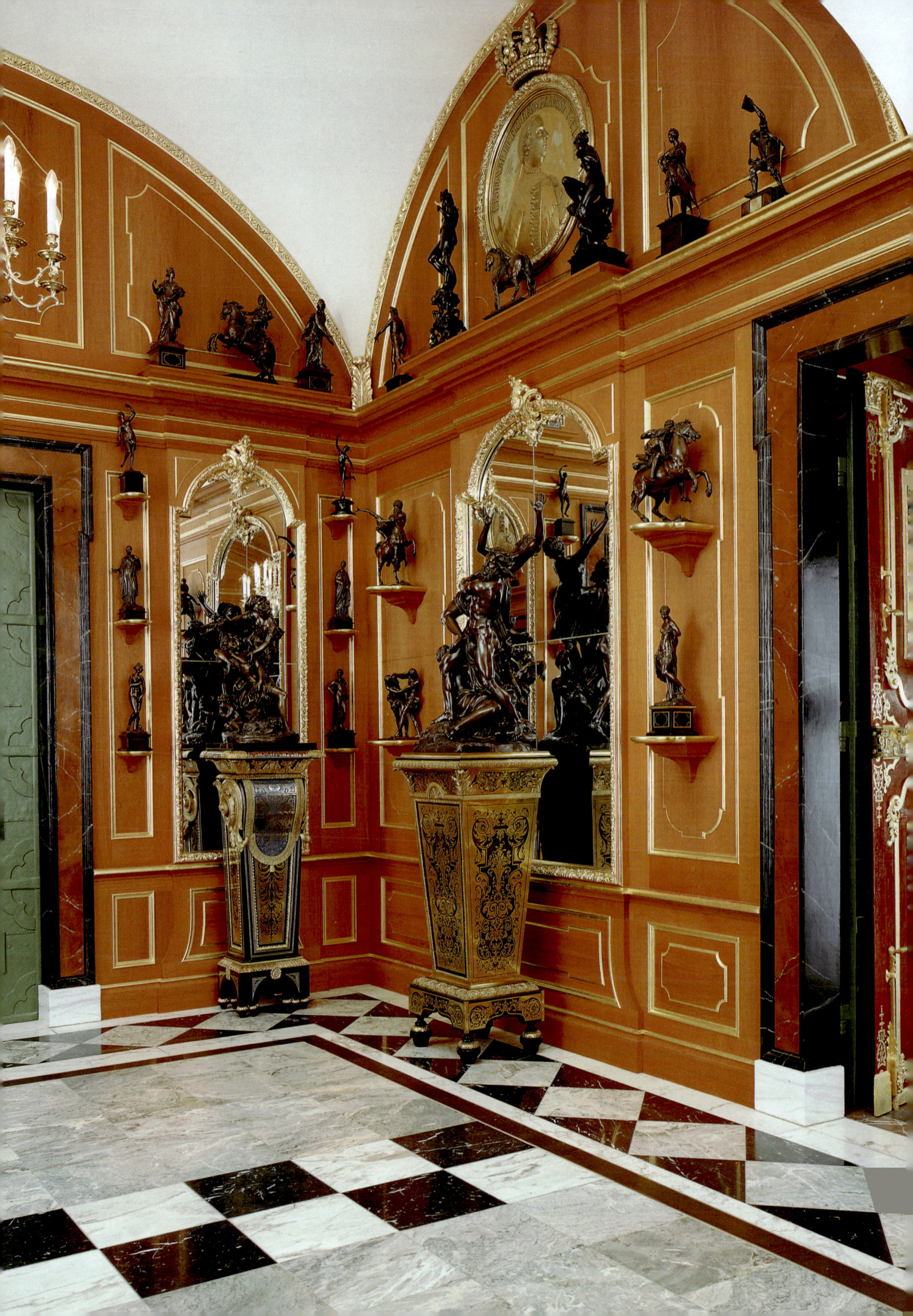

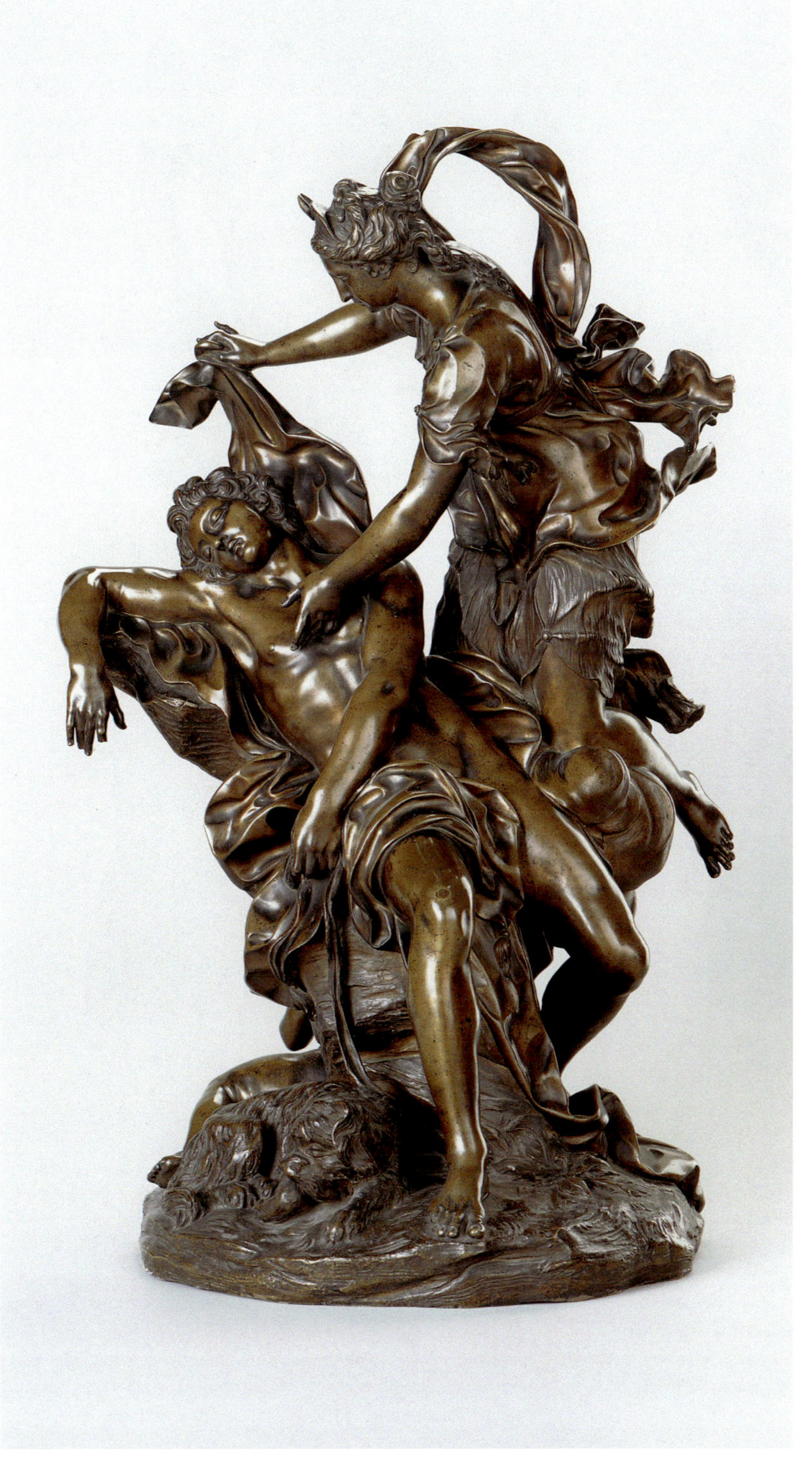

1] **Selene e Endimione:** il tema di questa raffigurazione basata su di un modello di Cornelis van Cleve fa riferimento a un episodio della mitologia classica: Zeus esaudì il desiderio di eterna giovinezza del bell'Endimione in cambio di un sonno eterno. Incantata dal suo aspetto, la dea della luna Selene lo andava a trovare notte dopo notte per baciarlo di nascosto (Francia, intorno al 1700).
Selene y Endimión: el motivo de esta representación basada en un modelo de Cornelis van Cleve es una leyenda de la mitología clásica: Zeus le concede al apuesto Endimión su deseo de juventud y sueño eternos. Hechizada por su belleza, la diosa de la luna Selene le visita noche tras noche para besarle en secreto (Francia, aprox. 1700).
Селена и Эндимион: Этот мотив, основанный на модели Корнелиса ван Клива, взят из одного из сказаний античной мифологии: Зевс одарил красавца Этимона по его собственному желанию вечной молодостью и вечным сном. Околдованная его красотой богиня Луны Селена приходила к нему каждую ночь, чтобы его поцеловать (Франция, ок. 1700 г.).

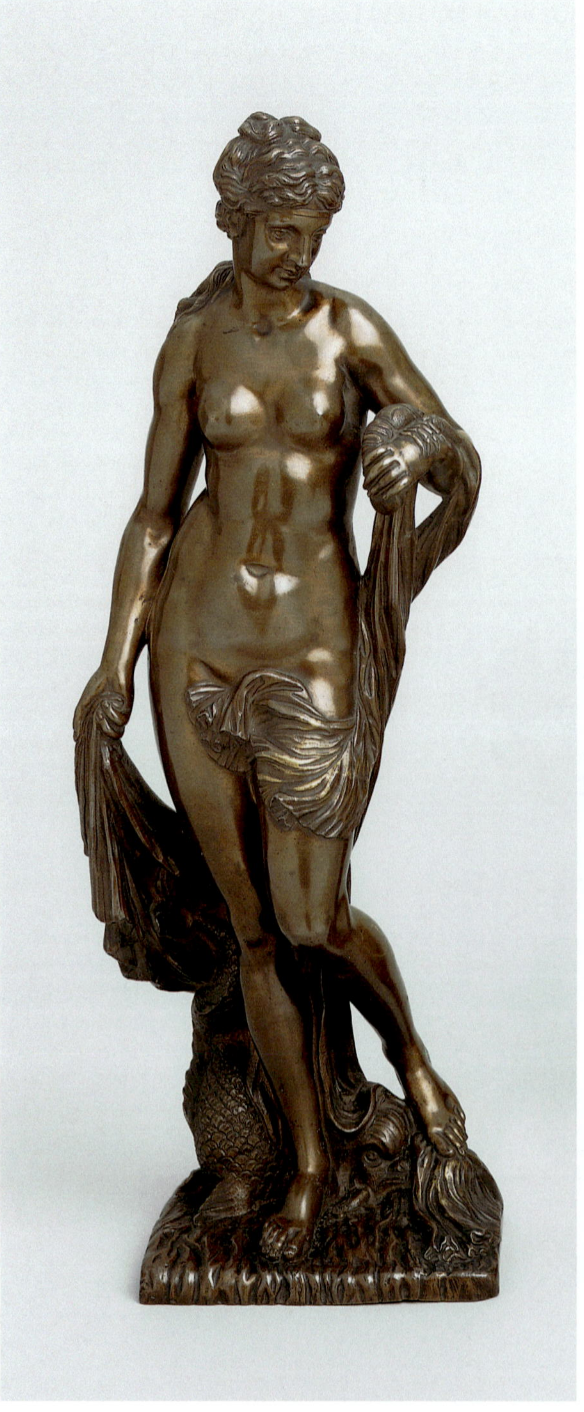

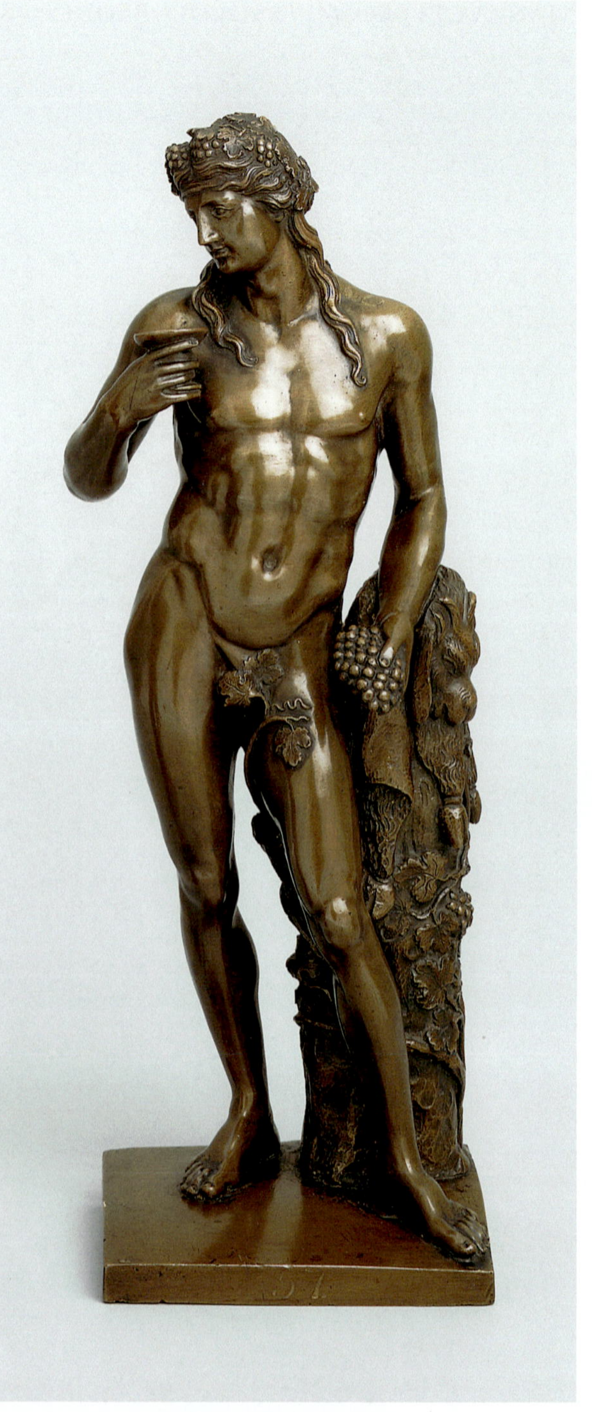

2] **Bacco e Anfitrite:** queste due figure di bronzo di 37 cm sono opere francesi della seconda metà del 17° secolo.
Baco y Amfitrita: estas dos figuras de bronce de 37 cm de altura son obras francesas de la segunda mitad del siglo XVII.
Бахус и Амфитрита: Обе статуэтки высотой 37 см. являются французкими работами второй половины 17 века.

3] **Statua equestre di Augusto il Forte:** la monumentale statua di bronzo rappresenta Augusto il Forte nelle vesti di imperatore romano in posa maestosa, in sella a un cavallo che incede (Parigi, prima del 1715).
Estatua ecuestre de Augusto el Fuerte: esta monumental estatua de bronce representa a Augusto el Fuerte como emperador romano en una pose majestuosa sobre un caballo al paso (París, anterior a 1715).
Статуя всадника Августа Сильного: Монументальная бронзовая статуя показывает Августа Сильного в образе римского императора, скачущего на коне.

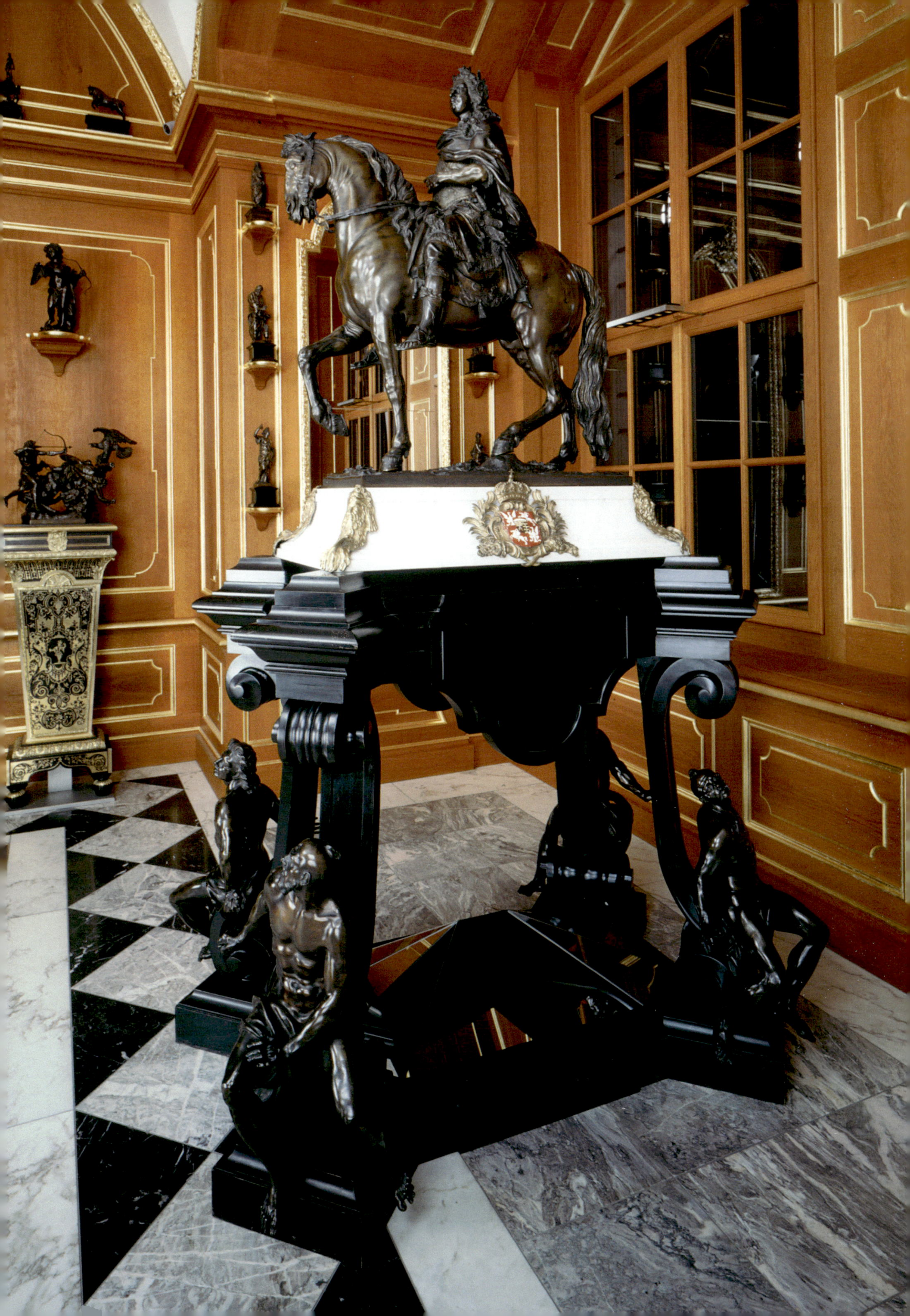

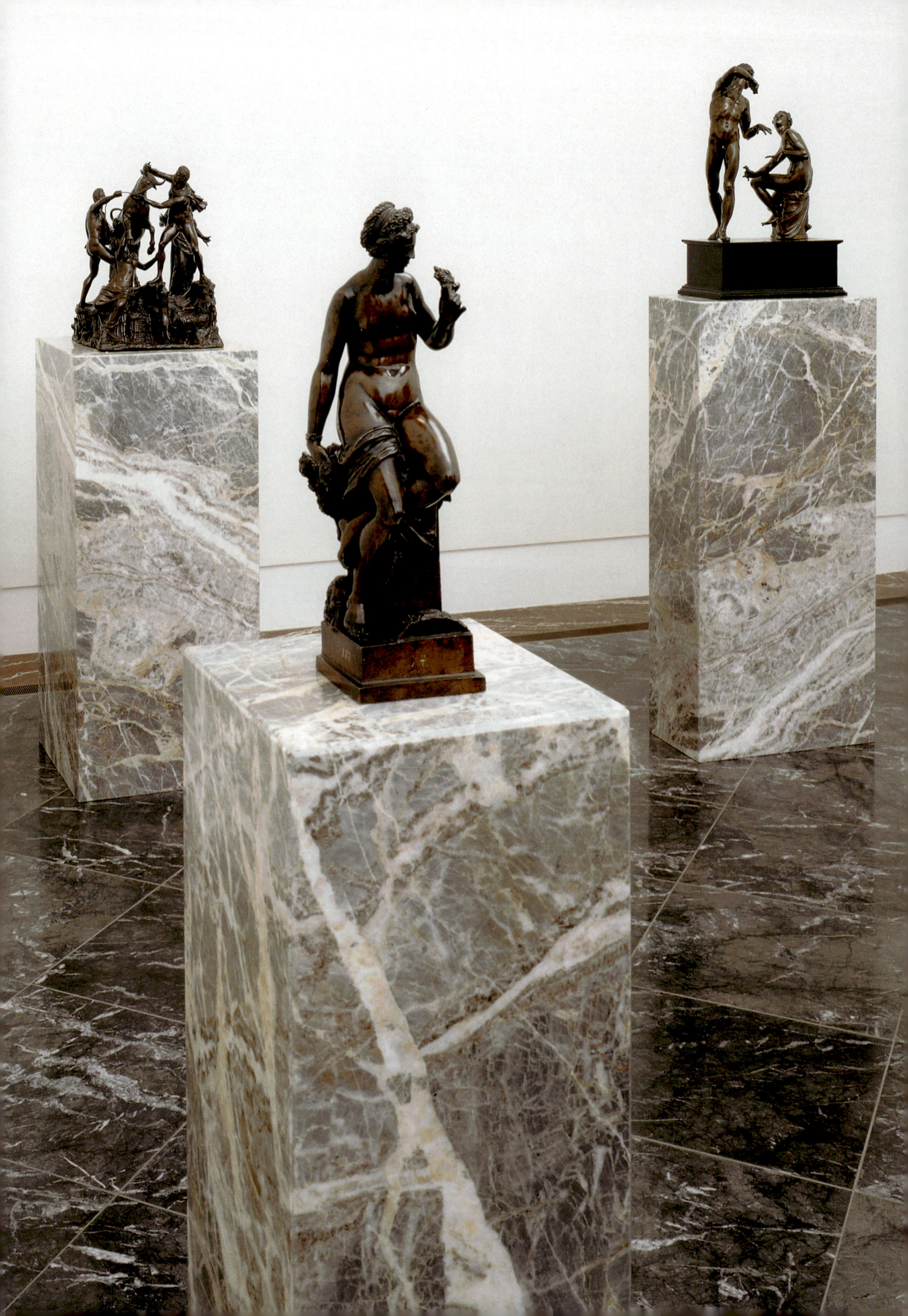

STANZA DEI BRONZI RINASCIMENTALI / SALA DEL BRONCE RENACENTISTA / БРОНЗОВАЯ КОМНАТА ЭПОХИ РЕНЕССАНСА

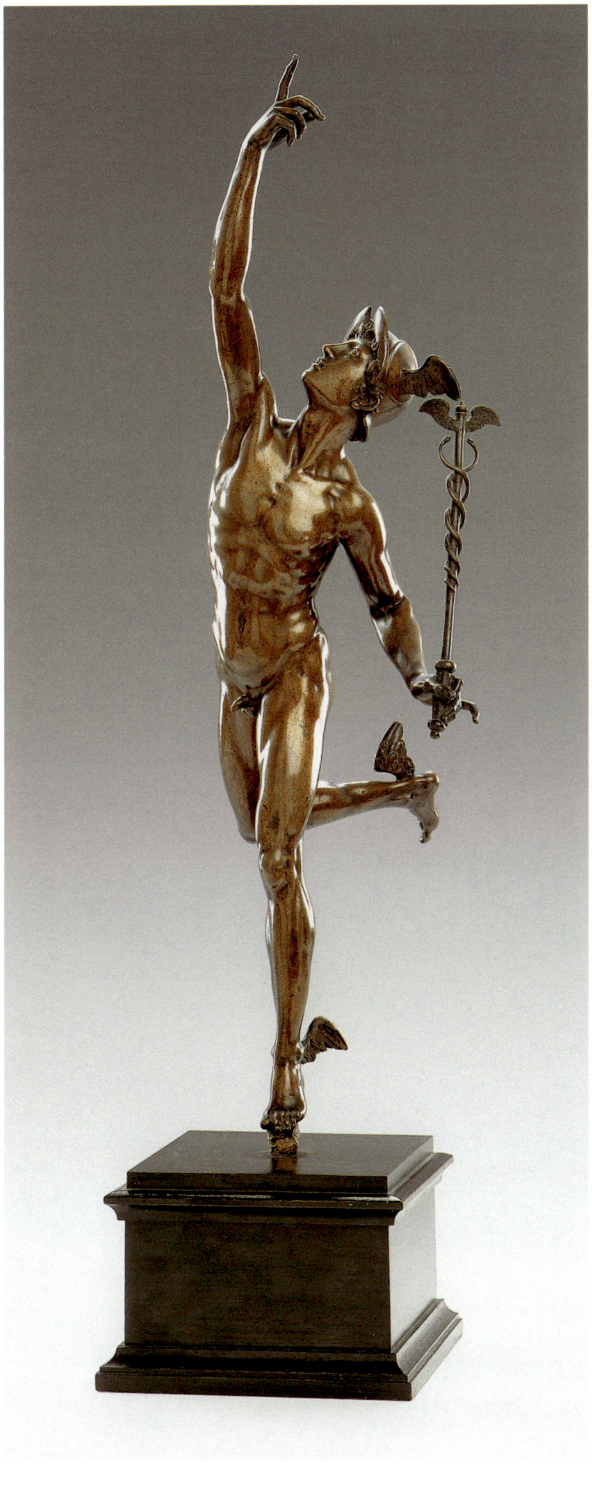

1] **Mercurio:** questa scultura in bronzo è tra le più famose opere dello scultore italiano Giambologna e giunse alla Kunstkammer di Dresda prima del 1587 come dono da parte dei Medici.
Mercurio: esta escultura de bronce es uno de los trabajos más conocidos del escultor italiano Giambologna y llegó a la tesorería de Dresde antes de 1587 como regalo de los Medici.
Меркурий: Эта бронзовая статуэтка принадлежит к самым знаменитым работам итальянского скульптора Джамболонья. Она была подарена Медичи и таким образом оказалась в дрезденской кунсткамере незадолго до 1587 года.

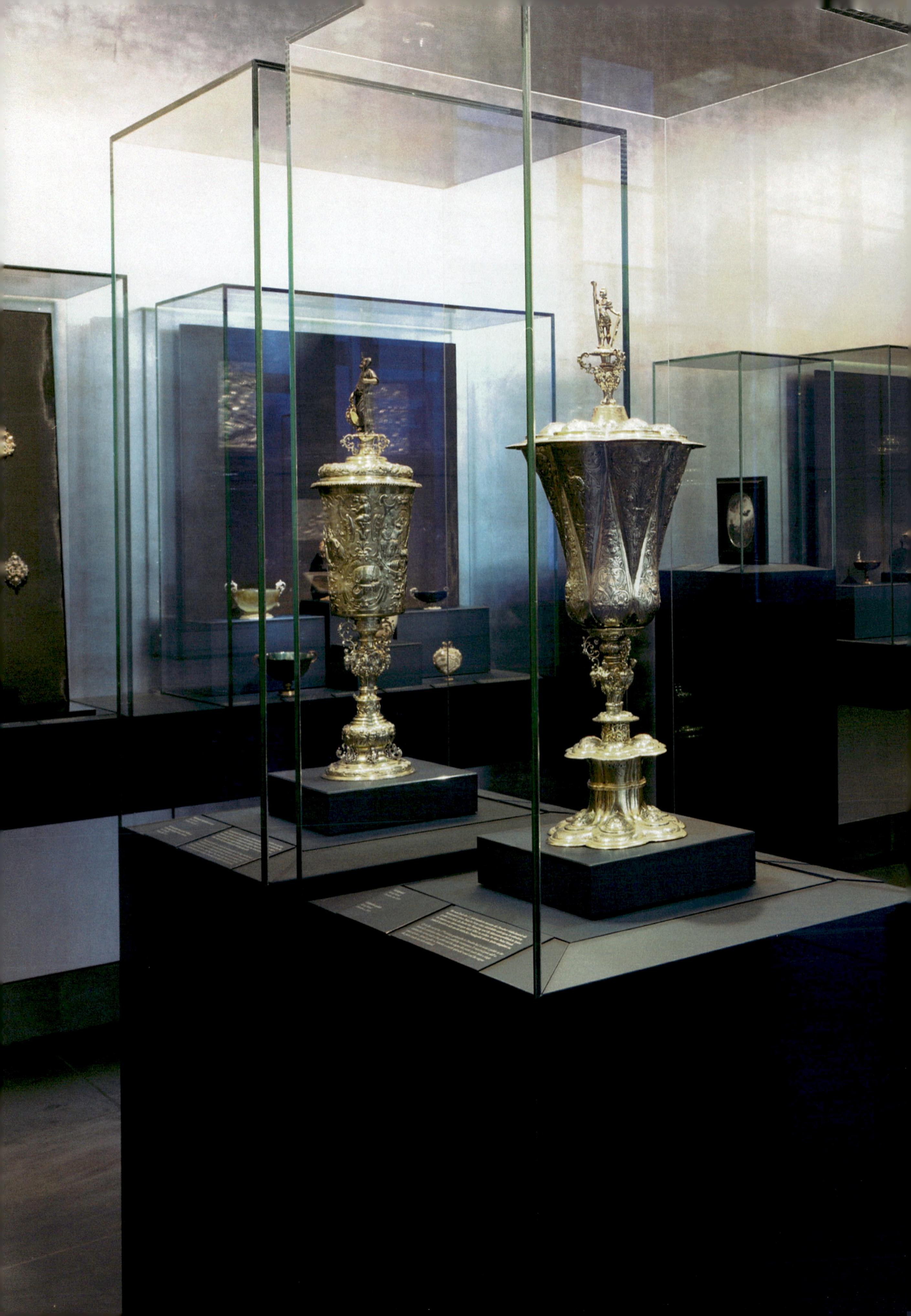

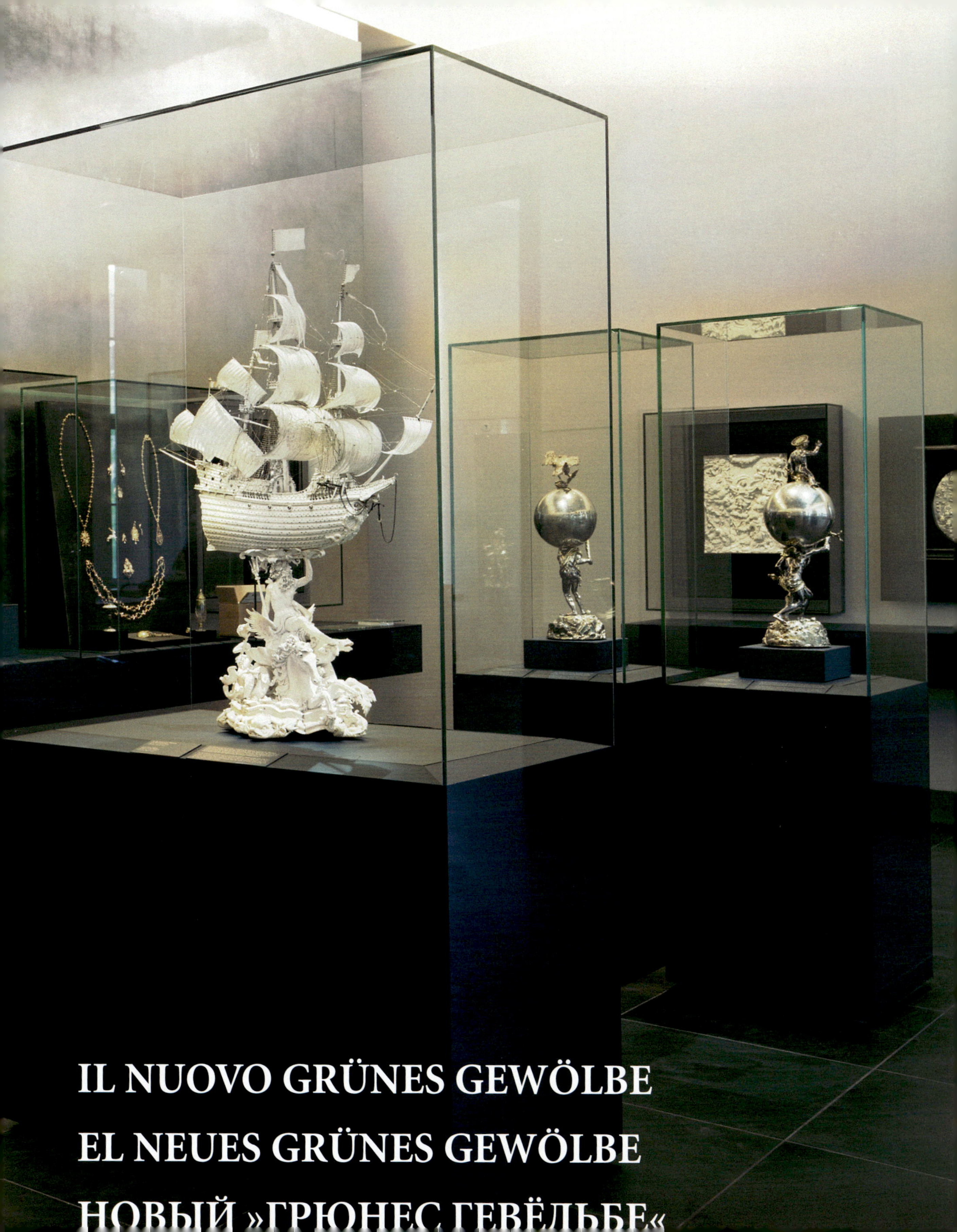

IL NUOVO GRÜNES GEWÖLBE
EL NEUES GRÜNES GEWÖLBE
НОВЫЙ »ГРЮНЕС ГЕВЁЛЬБЕ«

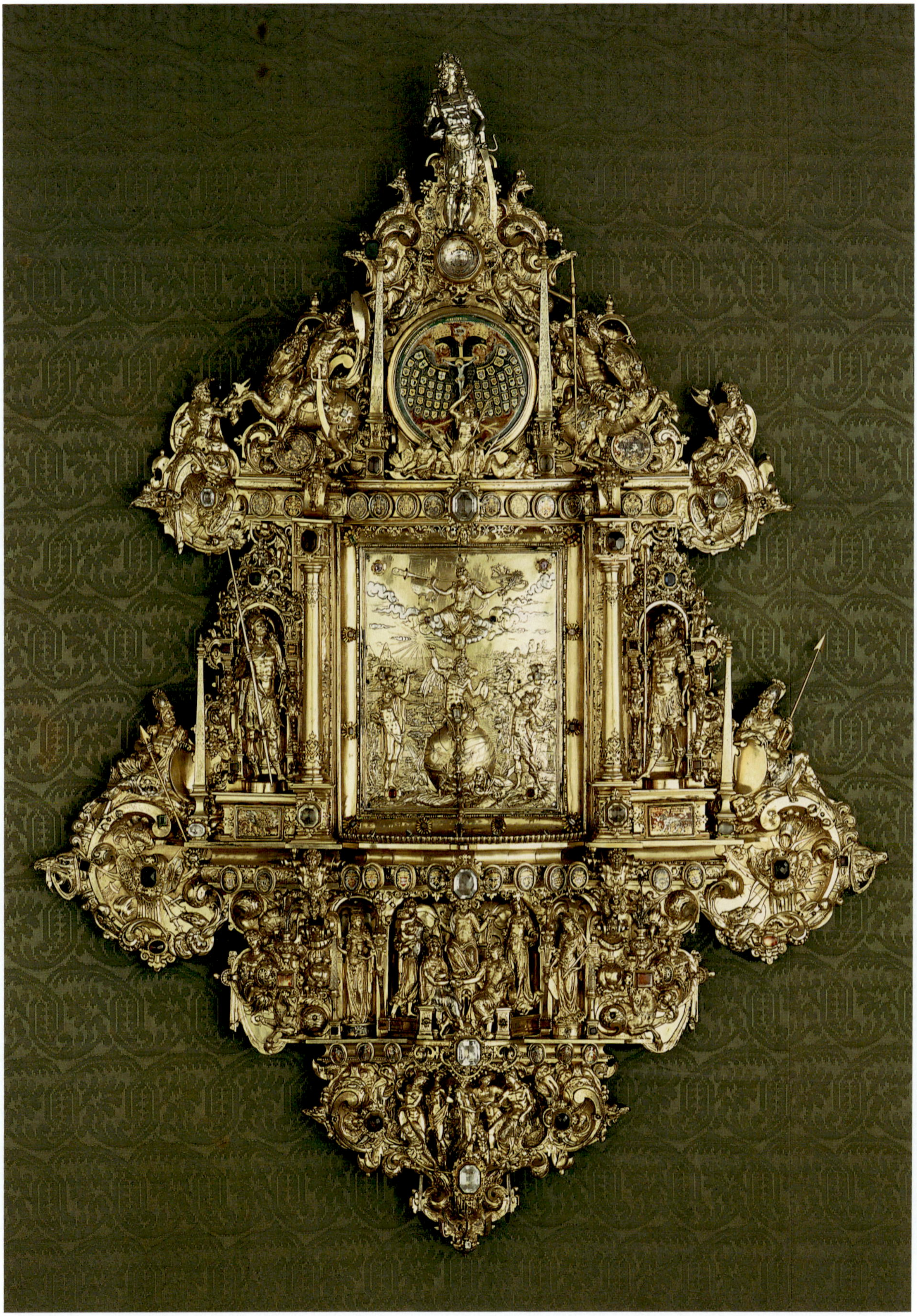

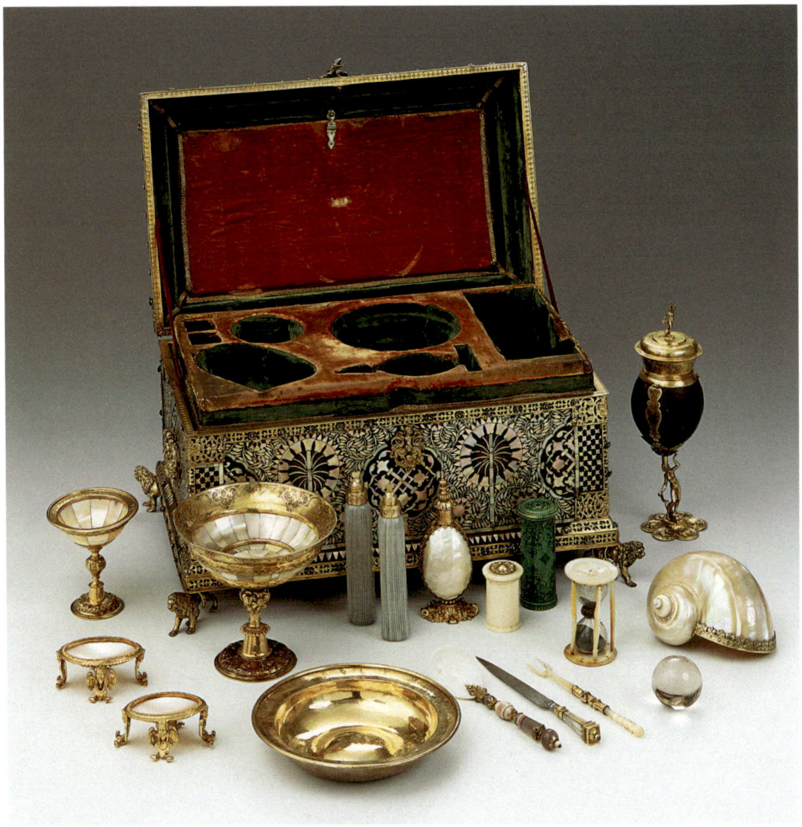

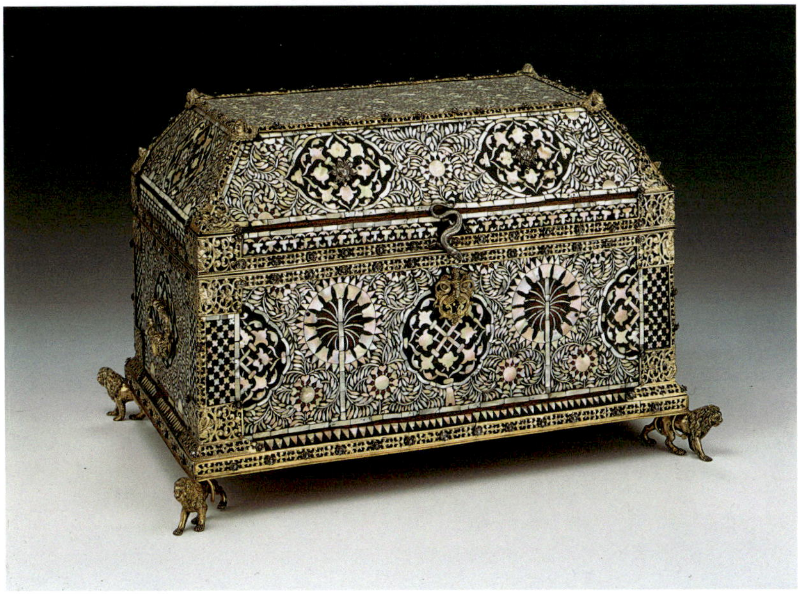

1] **Specchio di Lüneburg (1587–92):** lo specchio – un esemplare di oreficeria insolitamente grande e di qualità eccezionale – è nascosto dietro una copertura dal ricco ornamento figurale. Crono è seduto su di un globo e guarda verso l'alto in attitudine mesta.
Espejo de Lüneburg (1587–92): el espejo, una obra de orfebrería de un tamaño mayor de lo habitual y de una calidad excepcional, está oculto tras una cubierta con una rica ornamentación a base de figuras, entre las cuales se halla una sentada en un globo terráqueo mirando hacia arriba con expresión lastimera, que representa al genio del Tiempo.
Люнебургское зеркало (1587–92 г.г.): Это зеркало – ювелирная работа необычно большого размера и исключительного качества – скрывается за покрытием с богатым фигурным орнаментом и изображением глобуса, на котором сидит Гений Времени и жалобно смотрит наверх.

2] **Cofanetto da viaggio:** il cofanetto indiano (intorno al 1600) con i suoi motivi floreali stilizzati in madreperla circondata da resina nera, è tra i più mirabili e preziosi oggetti nel suo genere. Al suo interno ci sono due scomparti foderati di damasco e di velluto, che custodiscono 36 oggetti.
Cofrecillo de viaje: este cofre indio (aprox. 1600), con sus estilizados motivos florales en nácar rodeados de barniz bituminoso, es uno de los objetos más espléndidos y valiosos de su género. En el interior dispone de dos bandejas forradas de damasco y terciopelo que alojan 36 objetos.
Дорожная шкатулка: Эта индийская коробочка (ок. 1600 г.) со стилизированными перламутровыми узорами из цветов, окаймованные мастикой, является одной из самых роскошных и драгоценнейших в своём роде. Внутри неё находятся две вставки, обтянутые дамастовой и бархатной тканью и способные вместить 36 предметов.

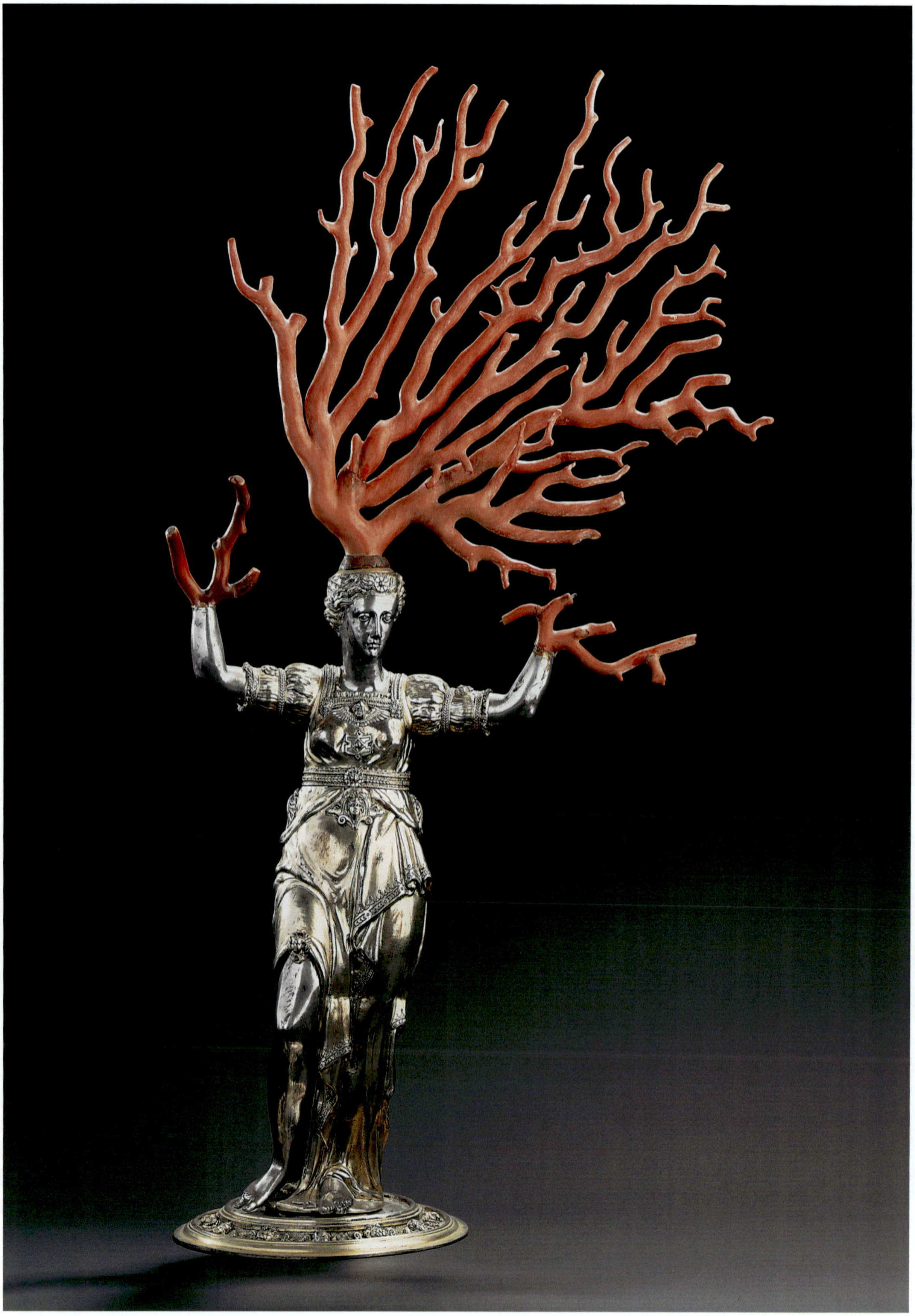

3] **Dafne (Norimberga, intorno al 1579–86):** questa è una raffigurazione della ninfa Dafne che si trasforma in un albero di lauro per scappare agli approcci del dio Apollo. L'albero di lauro è qui reso con rami di corallo. Il progetto è opera di uno dei più importanti artisti del Rinascimento tedesco, l'orafo Wenzel Jamnitzer. Il lavoro fu eseguito da suo figlio Abraham.
Dafne (Núremberg, aprox. 1579–86): ésta figura representa a la ninfa Dafne, quien para escapar de las atenciones del dios Apolo se transforma en un laurel, ejemplificado aquí con brazos de coral. Esta obra fue diseñada por uno de los artistas más importantes del Renacimiento alemán, el orfebre Wenzel Jamnitzer, y realizada por su hijo Abraham.
Дафна (Нюнберг, 1579–86 г.г.): Здесь изображена нимфа Дафна, которая, пытаясь избежать преследования домогавшегося её любви бога Аполлона, превратилась в лавровый куст, представленный здесь в виде коралловых зубцов. Эскиз этой фигурки был создан одним из самых выдающихся мастеров немецкого ренессанса, ювелиром Венцелем Ямницером. Саму работу выполнил его сын Абрахам.

4] **Colonna tortile e orologio con figure e congegno musicale (Dresda, 1589):** la colonna d'avorio alta 117 cm assembla quattro capolavori di ingegneria meccanica: un'opera d'arte lavorata al tornio, un orologio, un marchingegno di figure e un meccanismo musicale. Una melodia veniva attivata allo scoccare di ogni ora mentre i tre paggi si sollevavano, i percussionisti suonavano le proprie percussioni e i trombettieri innalzavano i propri strumenti.
Columna enroscada con un reloj de figuras y un mecanismo musical (Dresde, 1589): esta columna de marfil de 117 cm de altura reúne cuatro proezas técnicas: una obra de arte torneada, un reloj, un autómata con figuras y un mecanismo musical. Cada hora sonaba una melodía y, al mismo tiempo, los tres pajes se desplazaban hacia arriba, los tamborileros tocaban su instrumento y los trompetistas alzaban los suyos.
Колонна с винтовым орнаментом, часами с фигурами и музыкальным механизмом (Дрезден, 1589 г.): Эта колонна из слоновой кости высотой 117 см. соединяет в себе четыре технические мастерские разработки: она является одновременно шедевром токарного мастерства, часами, музыкальным и фигурным автоматизированным механизмом. Каждый час она издавала мелодию, при этом три пажа поднимались наверх, литавристы играли на литаврах и трубачи поднимали свои инструменты.

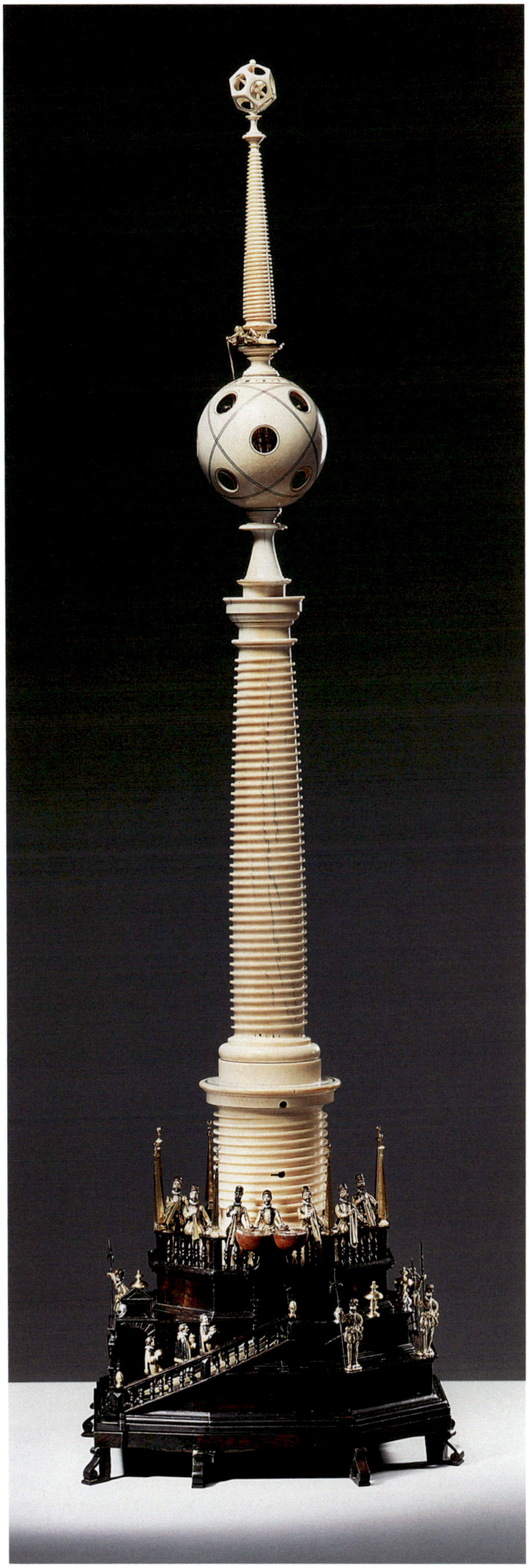

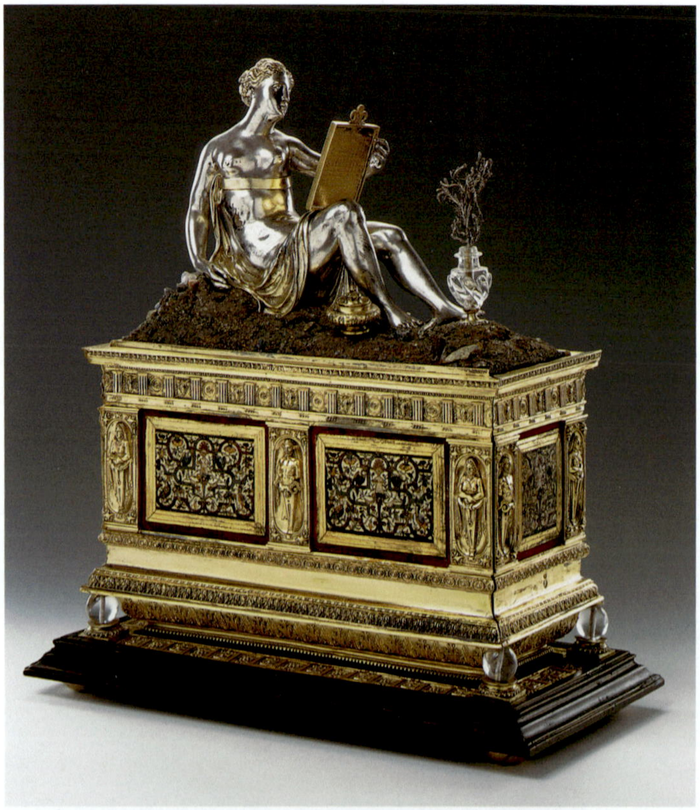

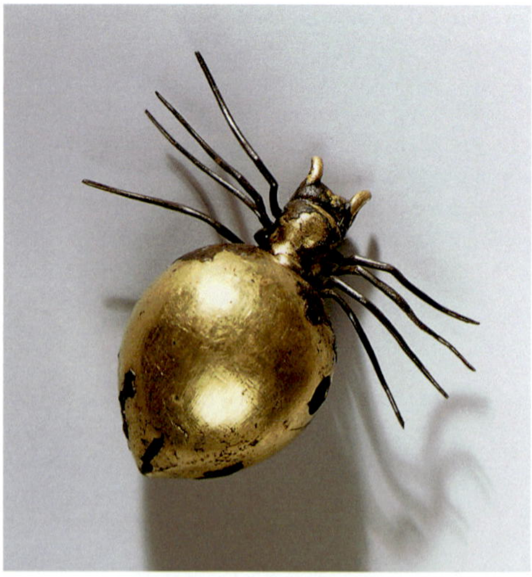

5] **Cofanetto con un'allegoria della filosofia:** la figura che rappresenta la filosofia tiene tra le mani una tavoletta con un'inscrizione in latino che afferma come la scienza possa trascendere la natura, possa creare monumenti d'arte duraturi e rendere immortale ciò che è transitorio. Un meccanismo nascosto rendeva possibile l'apertura del cofanetto per rivelare cassetti con l'occorrente per scrivere (Wenzel Jamnitzer, 1562).
Cofre con alegoría de la filosofía: la figura, que representa a la filosofía, sostiene en sus manos una tablilla con una inscripción latina que dice que la ciencia puede superar a la naturaleza, crear monumentos artísticos perdurables e inmortalizar lo efímero. El cofre puede abrirse mediante un mecanismo secreto, revelando en su interior cajones para útiles de escritorio (Wenzel Jamnitzer, 1562).
Ларец с аллегорией »Философия»: Фигура, олицетворяющая философию, держит в руках доску с латинской надписью, гласящей, что наука превосходит природу, создаёт вечные памятники искусства и увековечивает преходящее. Шкатулка открывалась с помощью секретного механизма, выставляя на показ ящички для письменных принадлежностей (Венцель Ямницер, 1562 г.)

6] **Ragno meccanico:** attraverso un meccanismo a orologeria nascosto al suo interno il minuscolo animale della misura di 2,6 cm poteva muoversi in avanti e con il rapido sollevamento e abbassamento delle zampe era in grado di imitare i movimenti di un ragno. Tobias Reichel costruì questo congegno prima del 1604 per Christian II.
Araña mecánica: mediante un mecanismo oculto, este pequeño animal de 2.6 cm podía moverse hacia delante y, moviendo rápidamente sus patas hacia arriba y hacia abajo, imitar los movimientos de una araña. Tobias Reichel lo construyó antes de 1604 para Cristian II.
Паук с механизмом: Это маленькое существо величиной 2,6 см. могло с помощью скрытой внутри ходовой части перемещаться вперёд и имитировать свойственные пауку движения, быстро поднимая и опуская ножки. Тобиас Райхель сконструировал этот механизм для Кристиана II до 1604 года.

7] **Orologio a biglia rotante (probabilmente Augusta, intorno al 1600):** quest'opera dell'ingegnoso orologiaio Hans Schlottheim è un capolavoro di ingegneria meccanica. In un minuto esatto una biglia di cristallo di rocca percorreva circolarmente per 16 giri l'orologio a forma di torre mentre una seconda sfera veniva sollevata al suo interno. Una volta accaduto questo, la lancetta si spostava in avanti e la mano di Saturno colpiva la campana con il suo martello.
Reloj con bola giratoria (probablemente Augsburgo, aprox. 1600): esta obra del ingenioso relojero Hans Schlottheim es una obra maestra de ingeniería mecánica. En el transcurso de exactamente un minuto, una bola de cristal de roca rodeaba 16 veces el reloj en forma de torre, mientras una segunda bola dentro de la carcasa se elevaba. Al ocurrir esto, la manecilla avanzaba y Saturno golpeaba la campana con su martillo.
Часы с катящимся шариком (предположительно Аугсбург, ок. 1600 г.): Это произведение гениального часового мастера Ганса Шлоттхайма является чудом механики. В течение ровно одной минуты хрустальный шарик проделывал 16 витков вокруг башнеобразных часов, одновременно второй шарик внутри часов поднимался наверх. После этого часовая стрелка передвигалась, и Сатурн ударял молотком по гонгу.

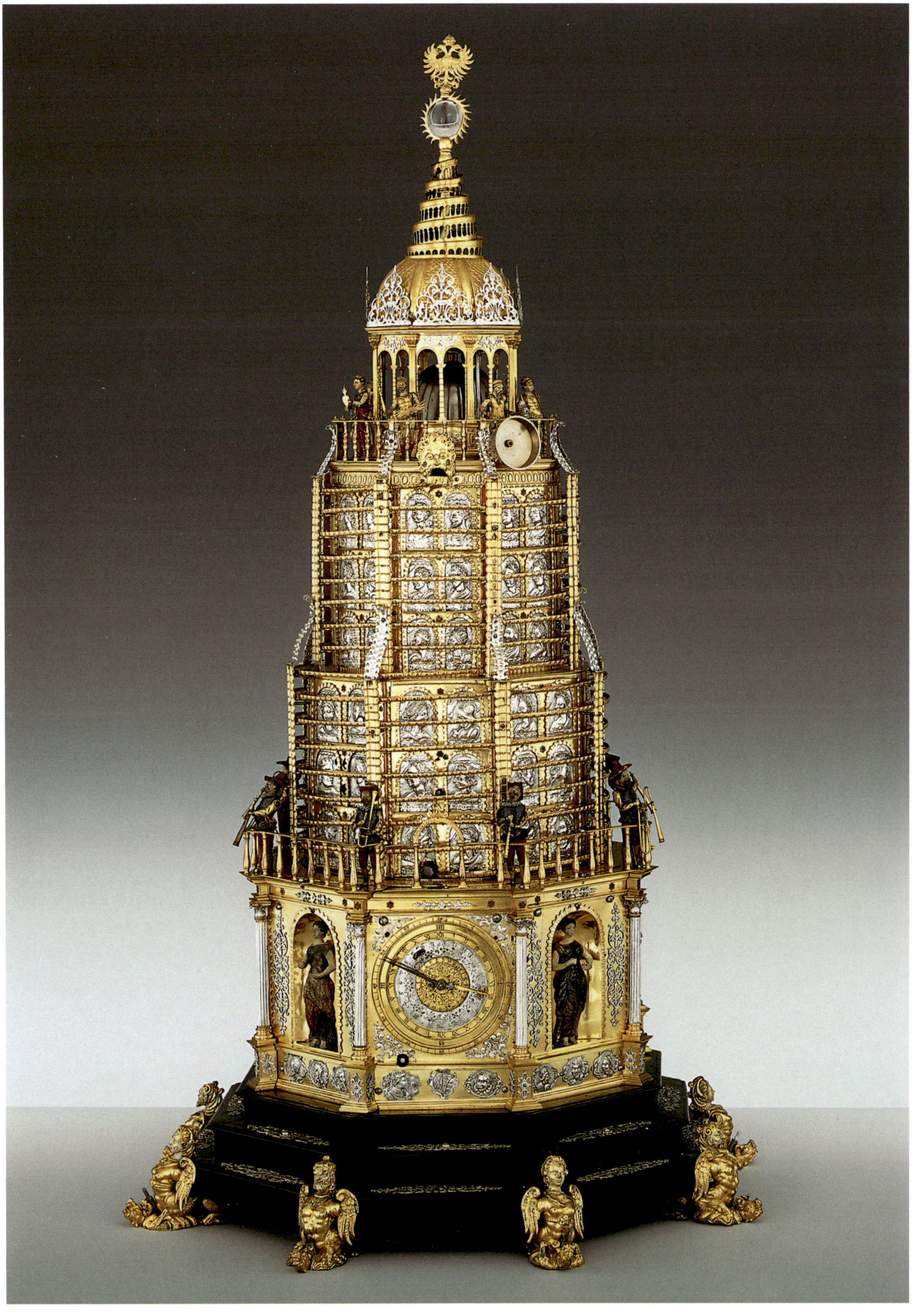

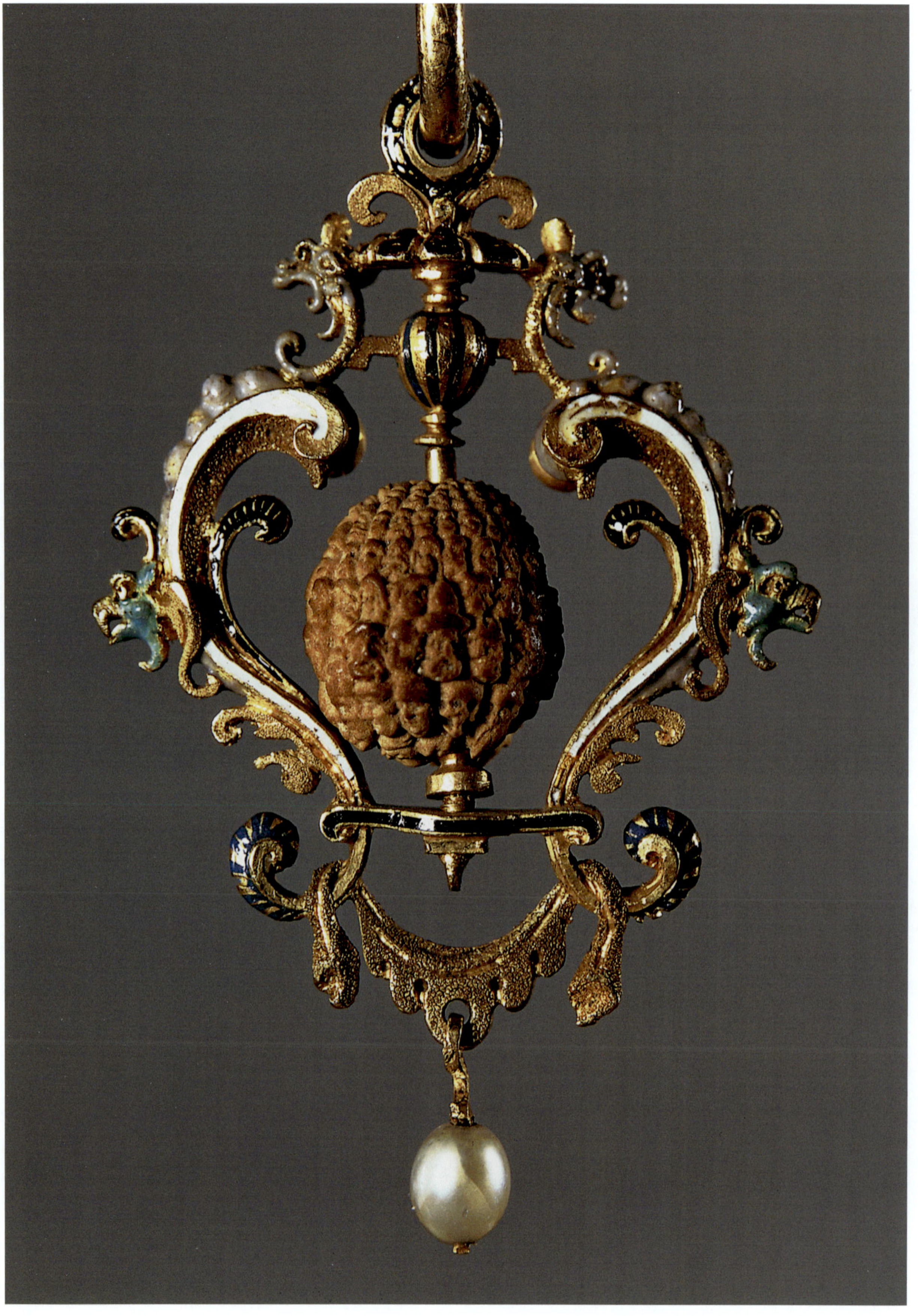

MICRO-GABINETTO / MICROGABINETE / МИКРОКАБИНЕТ

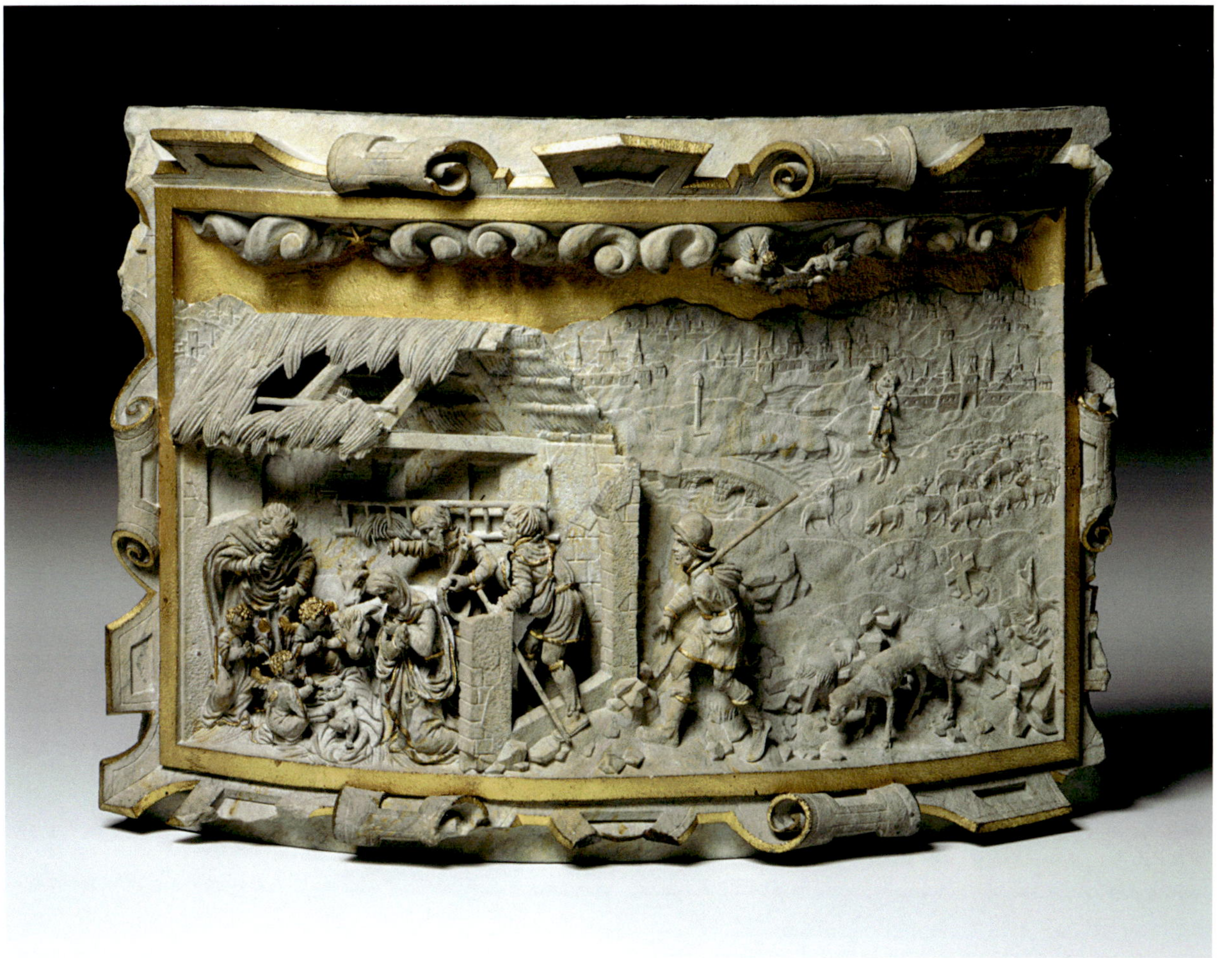

1] **Nocciolo di ciliegia (Germania, prima del 1589):** questo nocciolo di ciliegia montato come pendaglio è intagliato con 113 facce e teste di rappresentanti del potere clericale e di quello secolare.
Hueso de cereza (Alemania, anterior a 1589): este hueso de cereza engarzado como un colgante tiene talladas 113 cabezas de representantes del orden secular y eclesiástico.
Вишнёвая косточка (Германия, до 1589 г.): На этой вишнёвой косточке, оправленной в форме кулона, вырезано 113 голов представителей духовенства и светского сословия.

2] **Rilievo con la nascita di Cristo e l'adorazione dei pastori:** questo rilievo convesso su arenaria venne creato per la fonte battesimale della chiesa di San Pietro a Freiberg. Venne eseguito dallo scultore di Freiberg Samuel Lorentz nel 1588/89.
Relieve con el Nacimiento de Cristo y la adoración de los pastores: este relieve convexo de arenisca estaba destinado a la pila bautismal de la iglesia de San Pedro en Freiberg. Fue realizado por el escultor Samuel Lorentz, de Freiberg, en 1588/89.
Рельеф с изображением сцены рождения Христа и поклонения пастухов: Этот рельеф из песчаника, имеющий выпуклую форму, был изготовлен для купели церкви святого Петра во Фрайбурге. Эту работу выполнил фрайбургский скульптор Самуэл Лоренц в 1588/89 г.г.

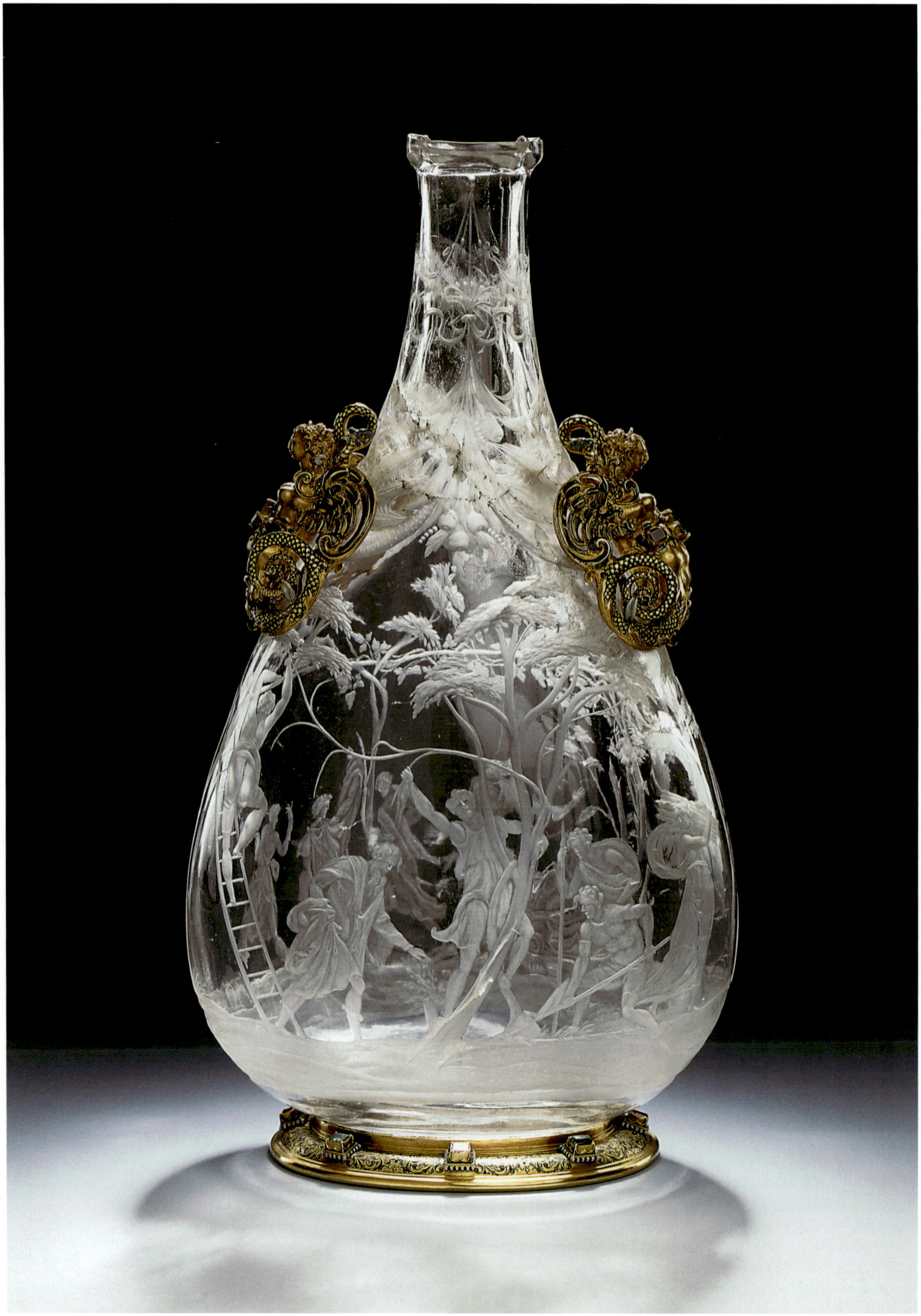

GABINETTO DEL CRISTALLO / GABINETE DEL CRISTAL / ХРУСТАЛЬНЫЙ КАБИНЕТ

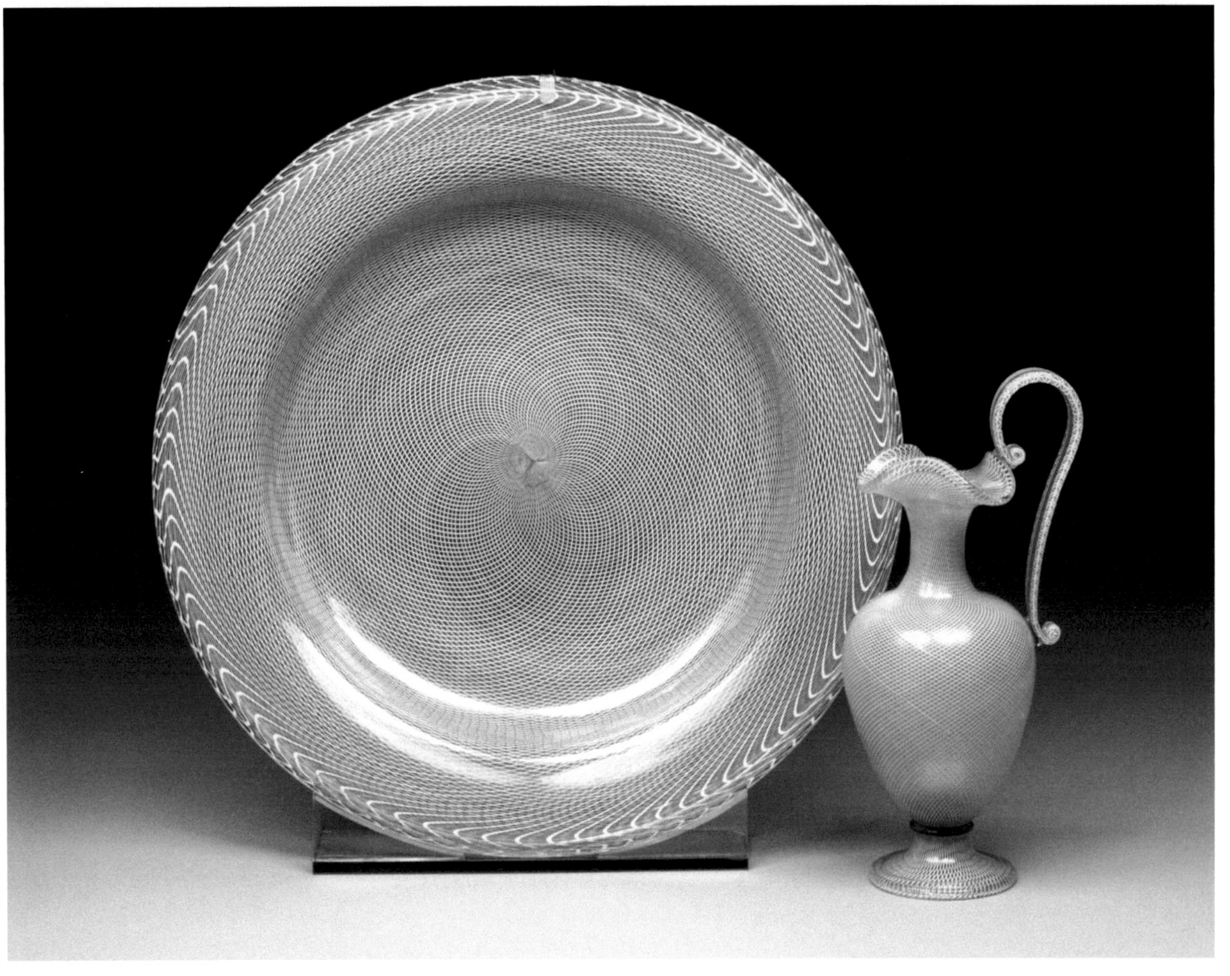

1] **Fiasco con scene dalla vita di Noé:** questo magnifico fiasco in cristallo di rocca con la sua preziosa montatura in oro venne creato attorno al 1580 nell'officina milanese dei Saracchi. La parete del contenitore è adornata di incisioni, su progetto di Annibale Fontana, che mostrano scene del patriarca Noé ubriaco.

Frasco con imágenes de la vida de Noah: este espléndido frasco de cristal de roca con valiosa montura de oro fue creado alrededor de 1580 en el taller milanés de los Saracchi. En las paredes de recipiente se grabaron escenas de la historia del patriarca Noah ebrio, según un diseño de Annibale Fontana.

Бутыль с изображением сцен из истории Ноя: Эта великолепная бутылка из горного хрусталя с драгоценной золотой оправой была изготовлена приблизительно в 1580 г. в миланской мастерской Сарачи. На корпусе сосуда вырезаны сцены по эскизу Аннибале Фонтана, изображающие опьянённого патриарха Ноя.

2] **Brocca e catino (Venezia, attorno al 1600):** i contenitori di vetro a reticello veneziani sono tra gli esemplari più raffinati ed eleganti della produzione in vetro. Essi erano concepiti più con intento decorativo o come esemplari da collezione che non per un uso pratico.

Aguamanil (Venecia, aprox. 1600): las vasijas venecianas »vetro a reticello« están entre los productos más sutiles y elegantes de la artesanía del vidrio. No fueron diseñadas para un uso práctico sino más bien como objetos decorativos o como piezas de coleccionista.

Рукомой и лохань (Венеция, ок. 1600 г.): Венецианские произведения из »стекла с сеткой« (итал. vetro a reticello) принадлежат к тончайшим и самым элегантным произведениям стеклянного искусства. Они практически не использовались в обиходе и изготавливались в основном для украшения и коллекционирования.

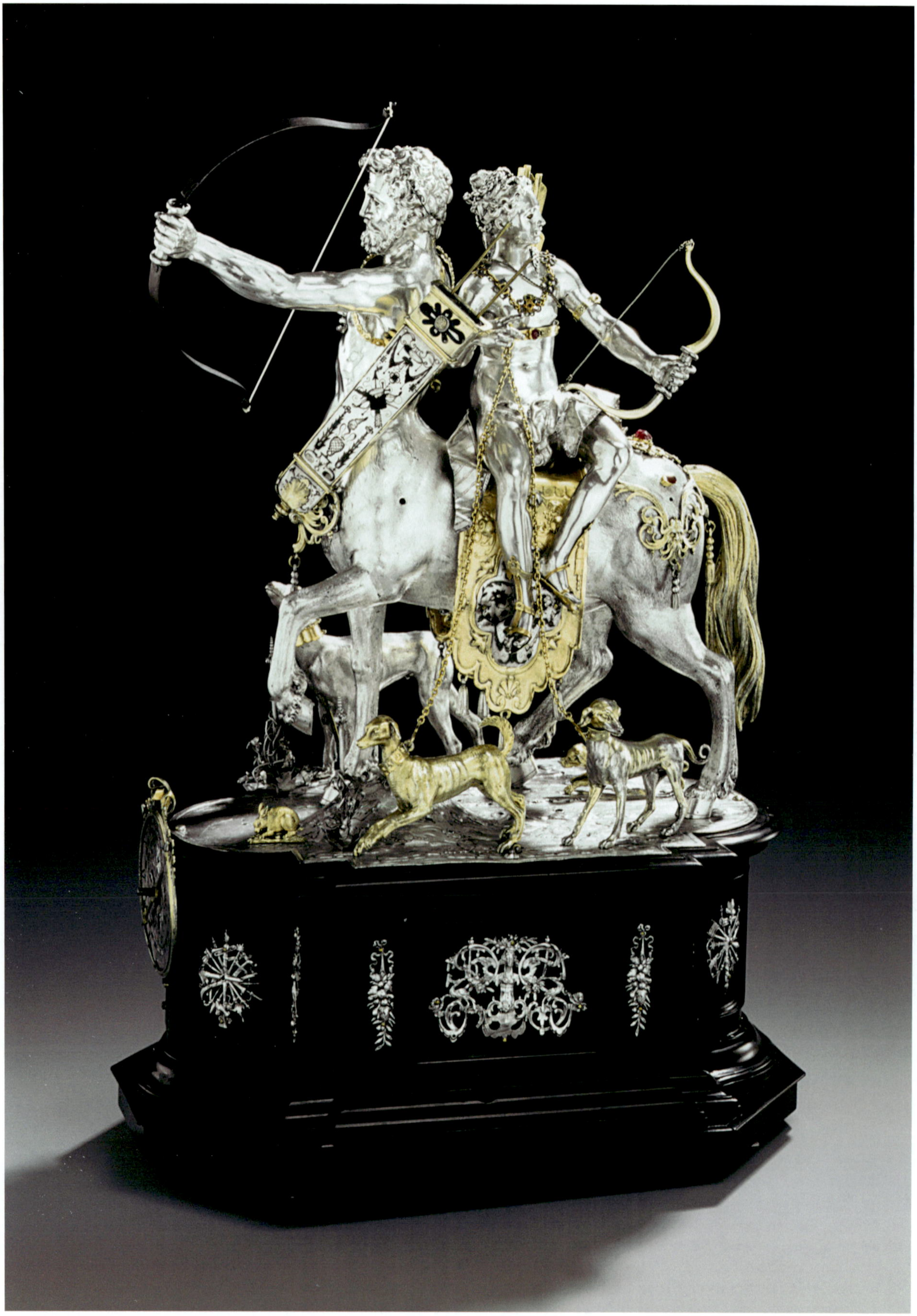

PRIMA STANZA DEI PRINCIPI ELETTORI / PRIMERA SALA DE LOS PRÍNCIPES ELECTORES / ПЕРВАЯ КОМНАТА КУРФЮСТОВ

1] **Diana sul centauro:** questo insolito gioco meccanico per bevande poteva muoversi sul tavolo mentre le figure roteavano gli occhi e il centauro scoccava infine una freccia. Fu acquisito nel 1610 dal principe Elettore Christian II di Sassonia, appassionato collezionista di capolavori dell'ingegneria di precisione.
Diana montada en el centauro: este estrafalario juego para beber podía moverse por la mesa, y al hacerlo las figuras ponían los ojos en blanco y como colofón el centauro disparaba una flecha. Fue adquirido en 1610 por el príncipe elector Cristian II de Sajonia, un entusiasta coleccionista de obras maestras de mecanismos de precisión.
Диана на кентавре: Эта причудливая застольная игрушка (»Trinkspiel«) могла передвигаться по столу, фигурки двигали глазами и затем кентавр пускал стрелу. Курфюст Кристиан II Саксонский, страстный коллекционер шедевров точной механики, приобрёл эту работу в 1610 году.

2] **Coppa a forma di globo terrestre con Ercole che sostiene la Terra:** il globo terrestre si può aprire e usare come recipiente per bevande. Poteva muoversi sul tavolo grazie a un meccanismo a orologeria. Questo »Trinkspiel« (gioco per bevande) venne creato dal mastro orafo di Augusta Elias Lencker tra il 1626 e il 1629.
Copa con Hércules sosteniendo el globo terráqueo: el globo puede abrirse y utilizarse como recipiente para beber. Este podía moverse por la mesa gracias a un mecanismo integrado. Este »Trinkspiel« fue creado por el maestro orfebre Elias Lencker de Augsburgo entre 1626 y 1629.
Кубок в форме Геркулеса, держащего на плечах глобус: Если открыть этот глобус, то можно использовать его как питьевой сосуд. С помощью определённых механизмов он мог передвигаться по столу. Аугсбургский мастер Элиас Ленкер исполнил эту причудливую застольную игрушку (»Trinkspiel«) в период 1626–29 г.г.

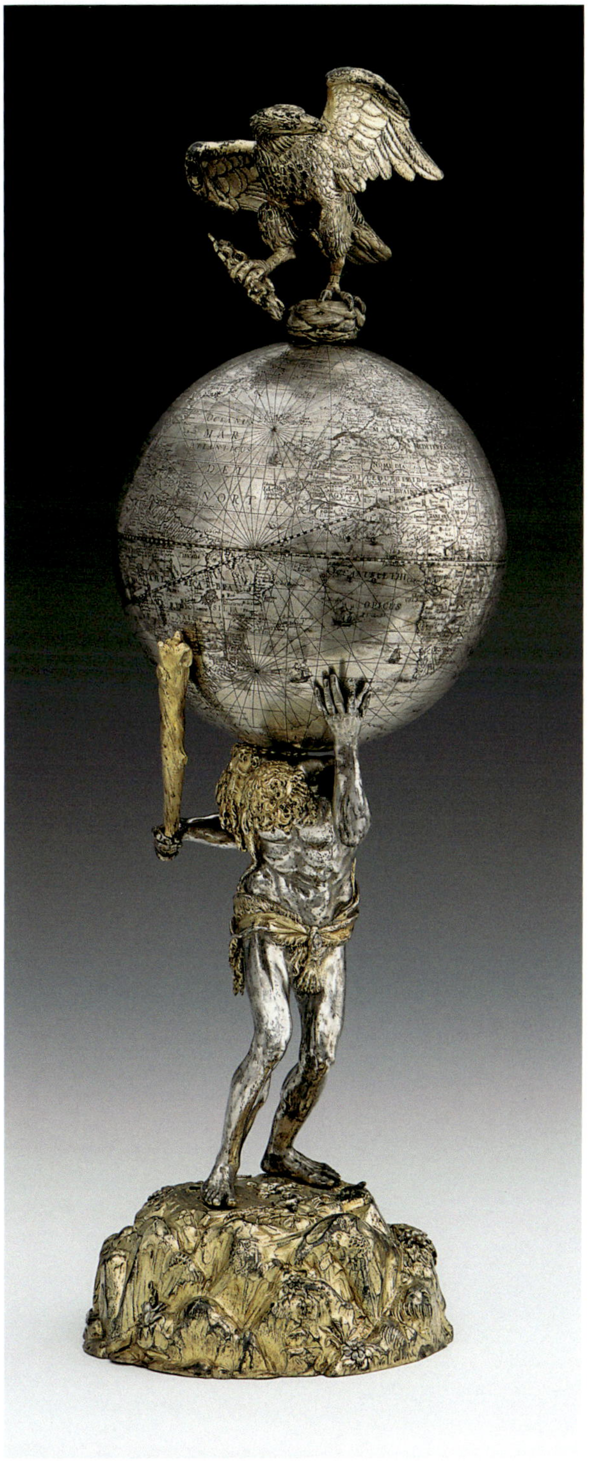

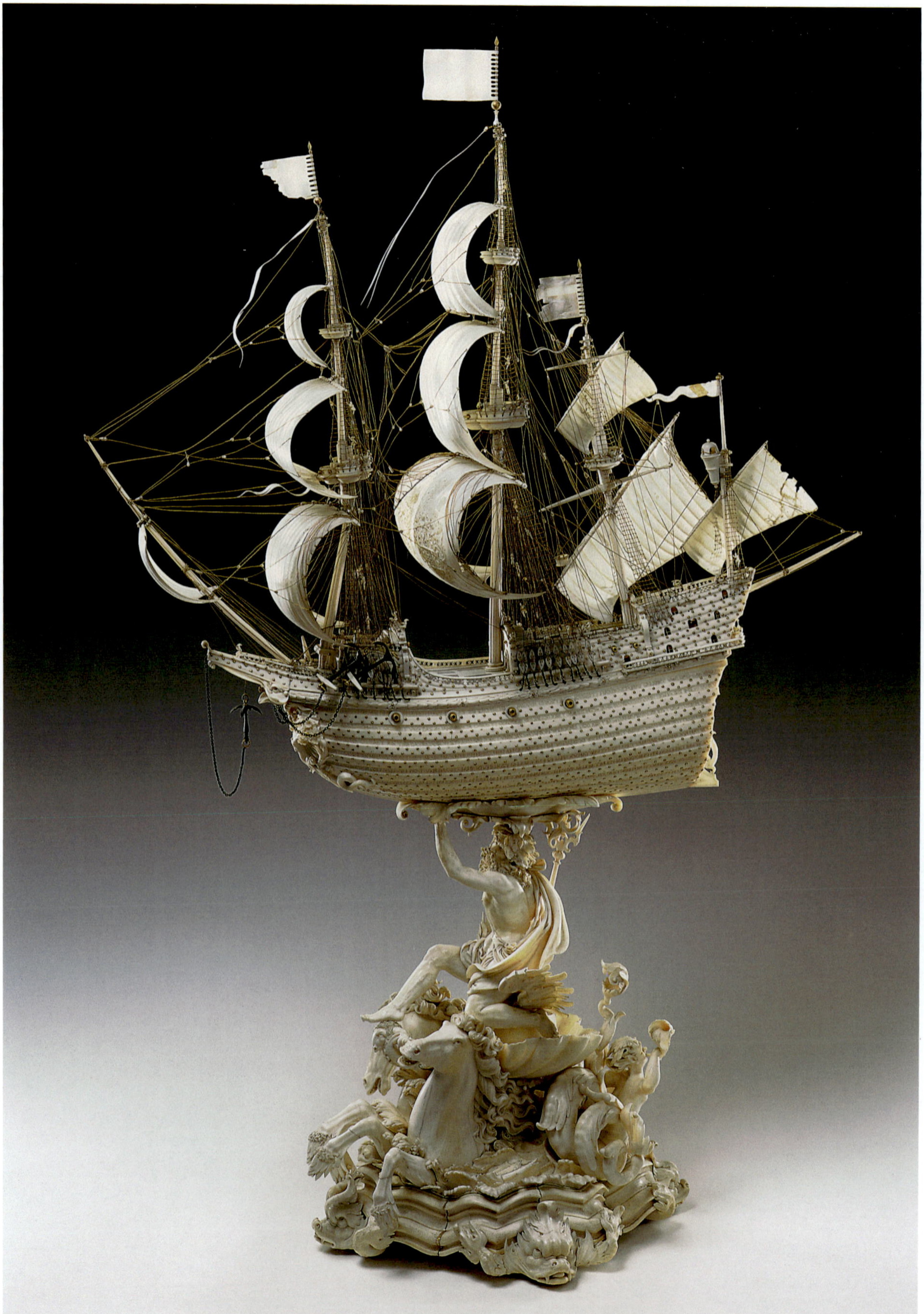

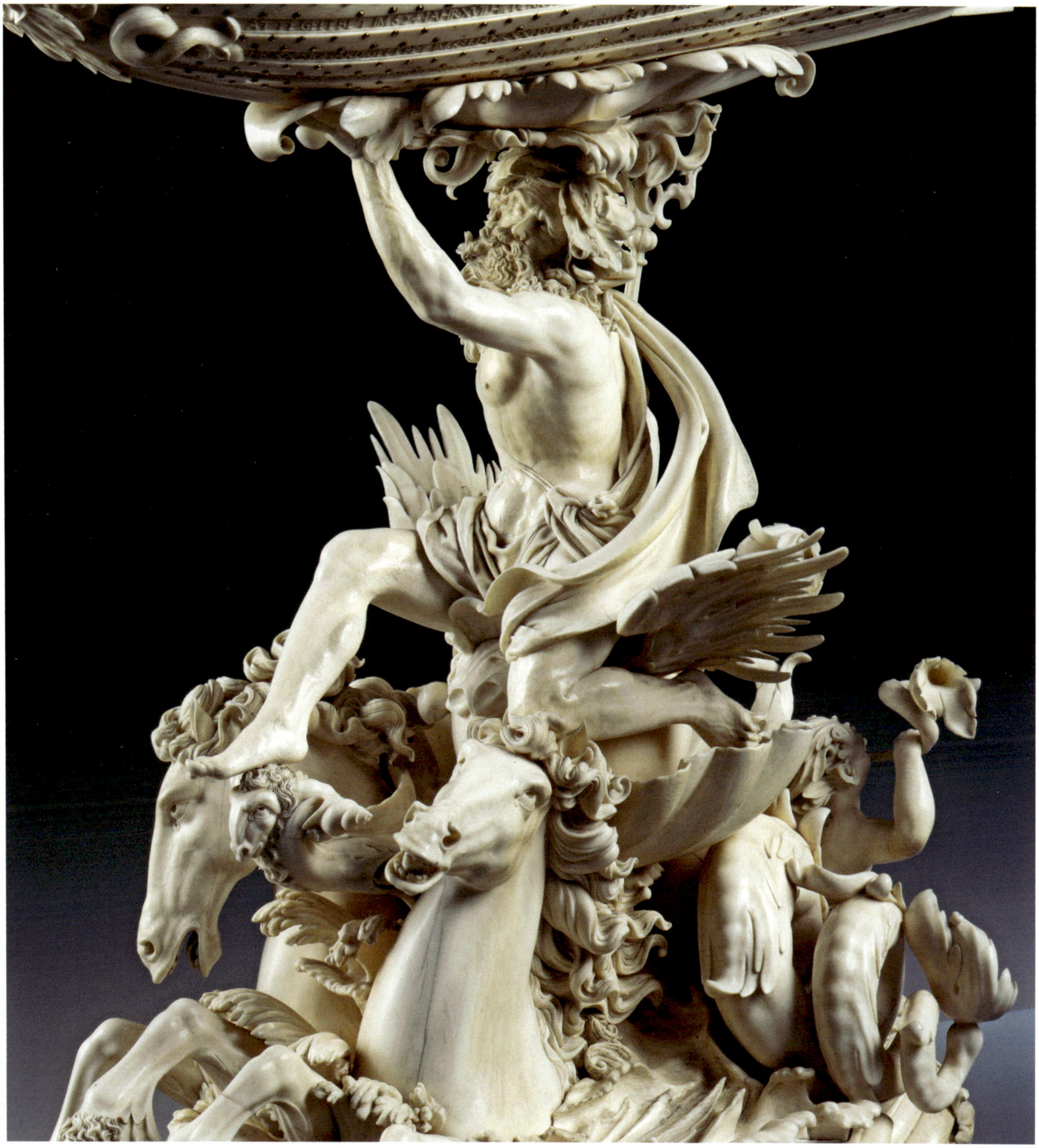

3] **Fregata (Dresda, 1620):** la fregata è tra le opere più importanti del tornitore di corte dalle doti straordinarie Jacob Zeller. Questa nave da guerra, con la sua vela maestra fatta di un sottile foglio di avorio sul quale venne applicato lo stemma della coppia del »Principato elettorale«, Johann Georg I e la sua consorte Magdalena Sibylla di Brandeburgo, presenta un cordame in filo d'oro su cui si arrampica un equipaggio di piccoli marinai in avorio.

Fragata (Dresde, 1620): la fragata figura entre las obras más significativas del tornero de la corte Jacob Zeller, quien poseía extraordinarias aptitudes. Este barco de guerra, en cuya vela mayor de marfil, tan fina como el papel, están grabados los escudos de armas de la pareja de príncipes electores Juan Jorge I y su consorte Magdalena Sibila de Brandenburgo, contiene jarcias de hilo de oro por las cuales trepan diminutos marineros de marfil.

Фрегат (Дрезден, 1620 г.): Этот фрегат является одной из самых выдающихся работ исключительно одарённого придворного токаря Якоба Целлера. Этот военный корабль, на чьих тонких как бумага рабочих парусах из слоновой кости вырезаны гербы курфюстской супружеской пары – Иоанна Георга I и его супруги Магдалены Сибиллы Бранденбургской, оснащен такелажем, по которому взбирается большое количество миниатюрных матросов, выполненных из слоновой кости.

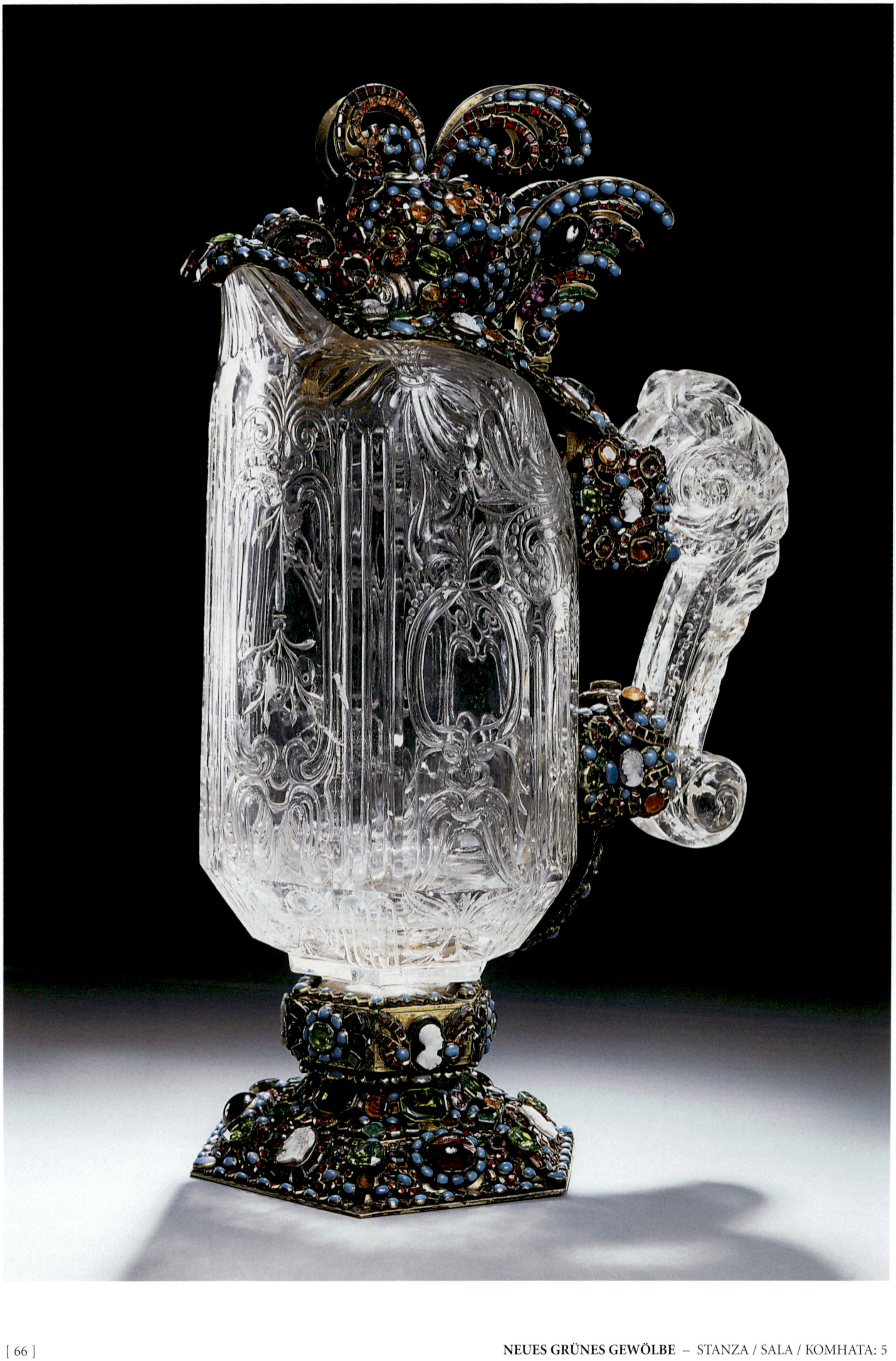

SECONDA STANZA DEI PRINCIPI ELETTORI / SEGUNDA SALA DE LOS PRÍNCIPES ELECTORES / ВТОРАЯ КОМНАТА КУРФЮСТОВ

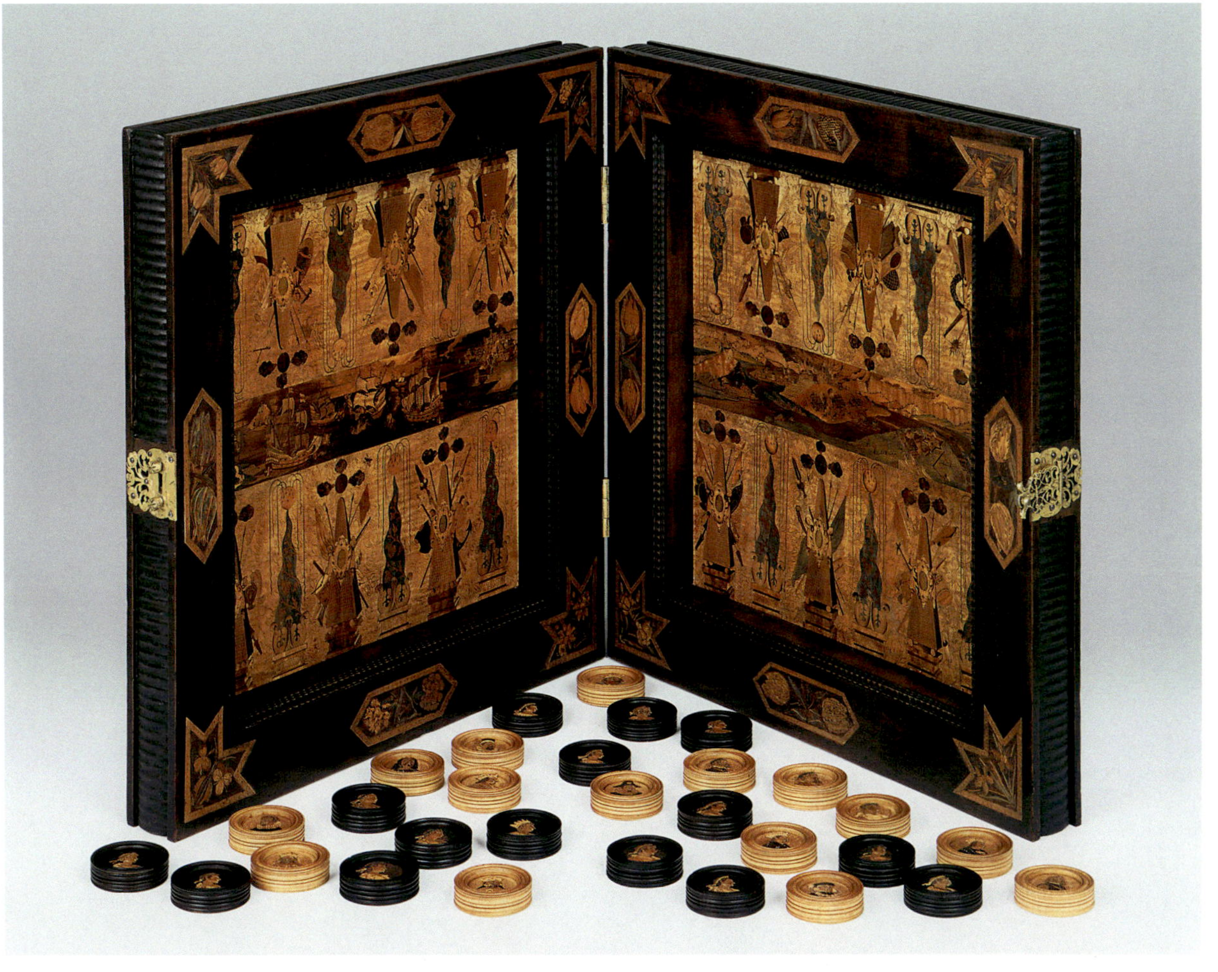

1] **Grande brocca con testa di drago:** il capolavoro in cristallo di rocca, tempestato di pietre preziose e rilievi, venne realizzato dall'incisore di pietre della corte imperiale Dionysio Miseroni.
Gran jarra con cabeza de dragón (Praga, 1653–56): esta obra maestra de la talla de cristal de roca, colmada de piedras preciosas y camafeos incrustados, fue creada por el tallador de la corte imperial Dionysio Miseroni.
Большой кувшин с головой дракона (Прага, 1653 г.): Этот шедевр из горного хрусталя, осыпанный драгоценными камнями и камеями, исполнил резчик по камню при дворе кайзера Дионисио Мизирони.

2] **Cassetta per giochi da tavolo con trenta pedine:** la cassetta – una delle più belle del 17° secolo – fu elaborata e ultimata da Johann Georg Fischer nel 1655. Il lato inferiore poteva essere utilizzato come scacchiera mentre il lato esposto mostra la decisiva battaglia di Zama della Seconda Guerra Punica. Quando la cassetta è aperta si rivela un tavolo da gioco per tric-trac.
Estuche para juegos de mesa, con treinta fichas: este estuche, uno de los más bellos del siglo XVII, fue confeccionado en 1655 por Johann Georg Fischerco. En la parte inferior se encuentra el tablero de ajedrez, en la parte a la vista se representa la batalla de Zama, decisiva en la Segunda Guerra Púnica, y cuando se abre el estuche se aprecia un tablero de backgammon.
Кейс для настольных игр с тридцатью игровыми шашками: Этот кейс, один из красивейших экземпляров своего рода 17 века, был изготовлен Иоанном Георгом Фишером в 1655 году. На его нижней стороне находится шахматная доска; на верхней стороне изображена решающая битва при Заме во Второй Пунической войне. При раскрытии кейса перед взором предстаёт игра Трик Трак (от фр. tric trac – нарды).

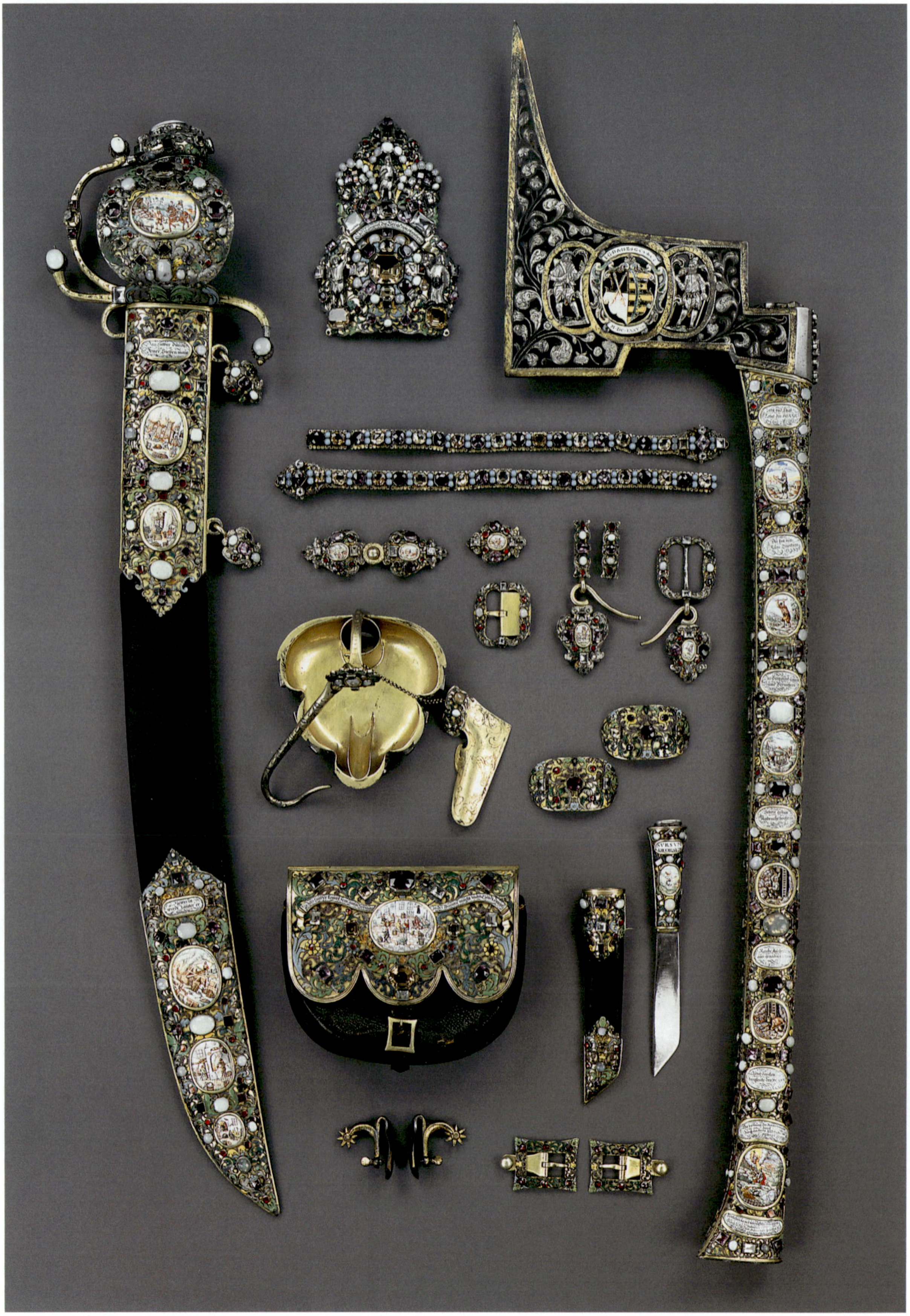

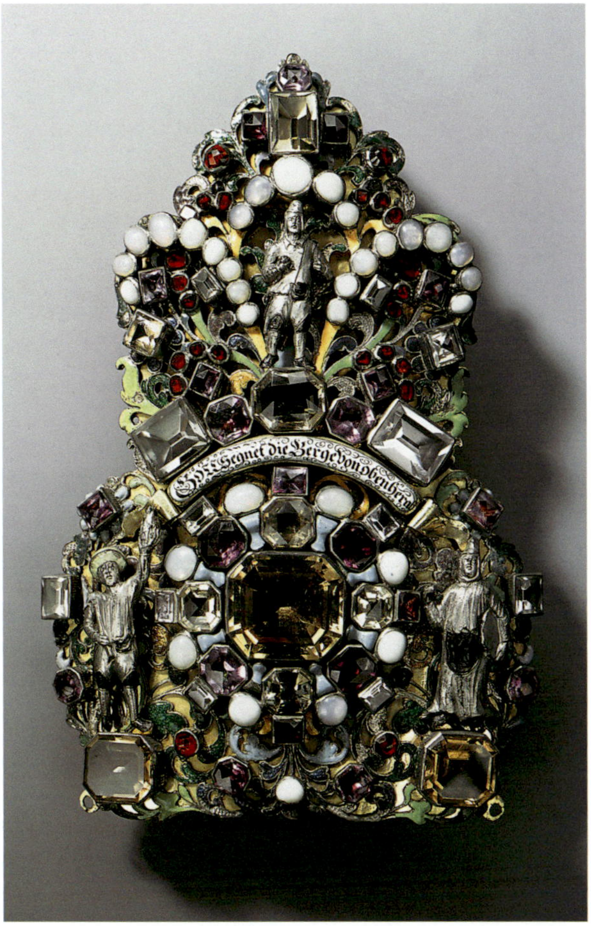

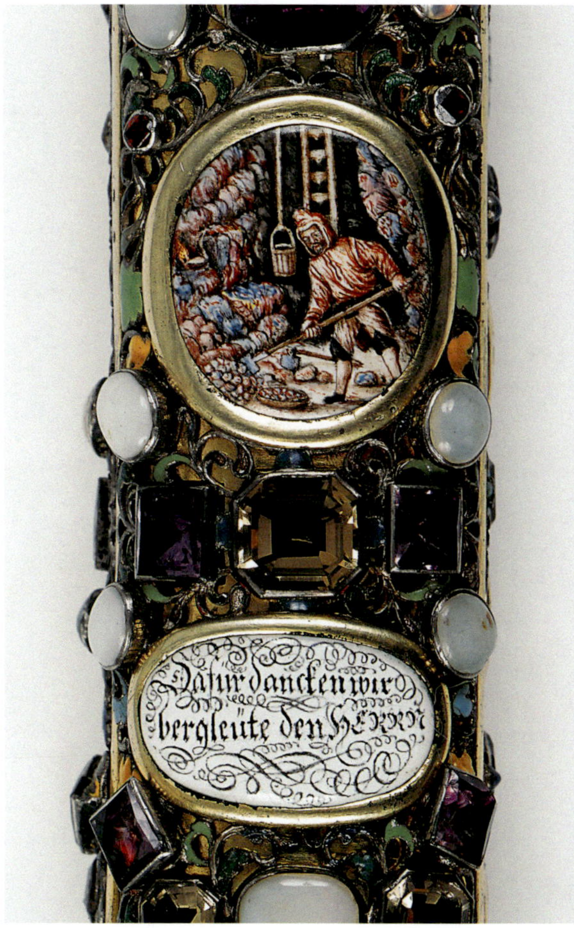

3] **Servizio da minatore per il principe Elettore Giorgio II di Sassonia:** Johann Georg II indossò questo completo nel 1678 in occasione della processione in onore di Mercurio, il patrono dei minatori. Il servizio comprende tra le altre cose un'ascia da minatore, una sciabola con fodero, un coltello con fodero, un borsellino di pelle e una torcia da minatore con uno stoppino. Venne creato da Samuel Klemm tra il 1675 e il 77.

Aderezo de minero para el príncipe elector Jorge II de Sajonia: Juan Jorge II lució este aderezo en 1678 con ocasión de la procesión en honor de Mercurio, patrón de los mineros. El aderezo consta, entre otros, de pico de minero, sable con su vaina, cuchillo con su vaina, funda de cuero y lámpara de minero de llama libre con accesorio para mecha. Fue elaborado por Samuel Klemm entre 1675 y 77.

Гарнитур рудокопа для курфюста Иоанна Георга II Саксонского: Иоанн Георг II надевал этот гарнитур на процессию в честь Меркурия, покровителя рудокопов (горняков) в 1678 году. Он состоит из горного топорика, сабли с ножнами, ножика с чехлом, кожаной сумочки и горняцкой фитильной лампы. Гарнитур изготовлен Самуэлом Клеммом в 1675–77 г.г.

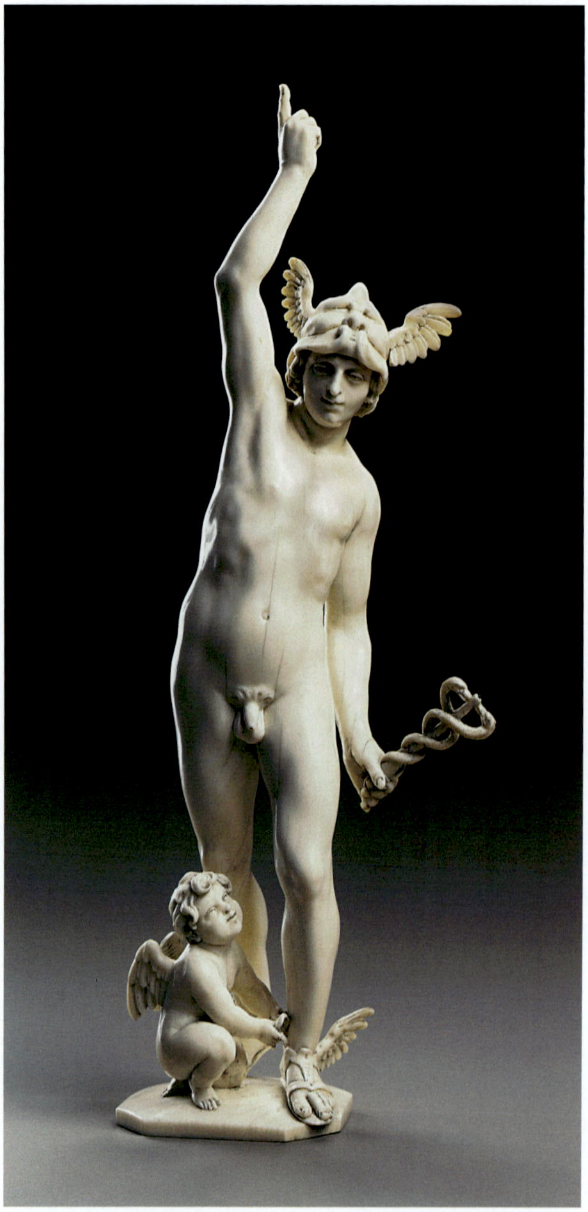

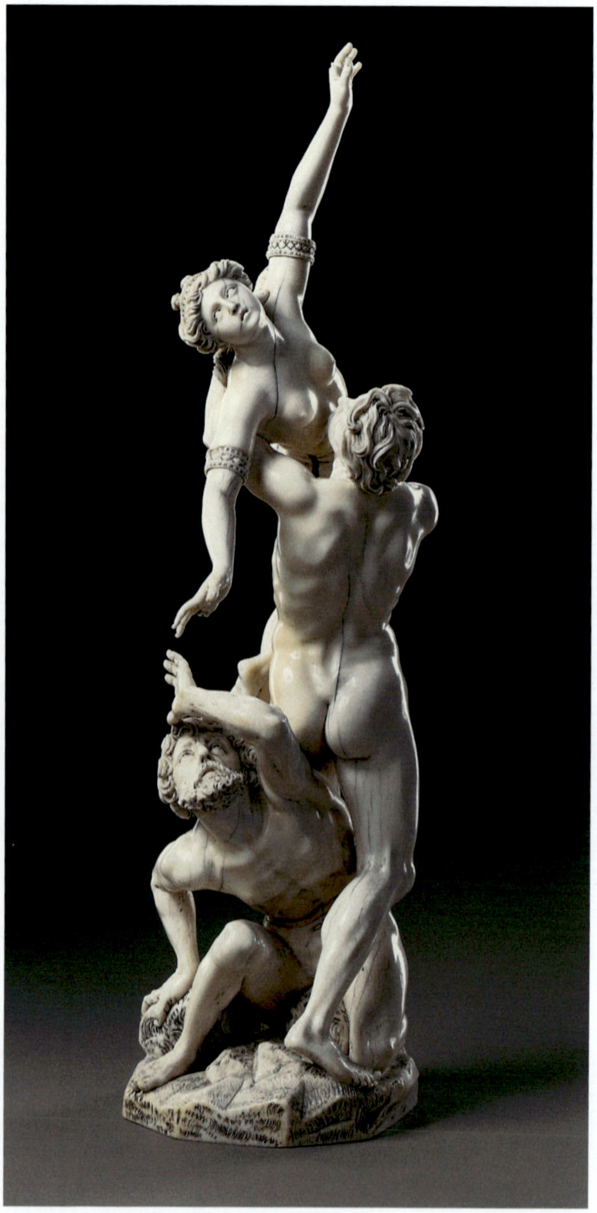

4] **Mercurio e Cupido scolpiti in avorio (Adam Lenckhardt, Vienna, intorno al 1650):** la figura di Cupido è mostrata mentre allaccia i sandali alati di Mercurio. La mano destra di Mercurio indica il Cielo verso cui è diretto.
Mercurio y Cupido (Adam Lenckhardt,Viena, aprox. 1650): en esta representación de marfil, Cupido ata las cintas de las sandalias de Mercurio, quien está de camino al cielo, hacia donde señala su mano derecha.
Меркурий и Амур (Адам Ленкгардт, Вена, ок. 1650 г.): Амур завязывает крылатые сандалии Меркурию, сделанному из слоновой кости. Своей правой рукой Меркурий показывает в сторону неба, куда он готовится лететь.

5] **Ratto delle Sabine:** Melchior Barthel, che svolse la propria attività a Venezia per molti anni, creò questo gruppo in avorio attorno al 1670.
El rapto de las Sabinas: Melchior Barthel, que desarrolló su actividad artística en Venecia durante muchos años, creó este grupo de marfil alrededor de 1670.
Похищение сабинянок: Эта скульптурная композиция выполнена из слоновой кости приблизительно в 1670 году Мельхиором Бартелем, который в течение многих лет работал в Венеции.

6] **Orologio da tavolo con cammello e moro:** il quadrante di questo magnifico e variopinto orologio da tavolo con il suo ornamento in pietre preziose è collocato sulla schiena del cammello. Quest'opera di oreficeria fu eseguita da Hans Jakob Mair ad Augusta attorno al 1674.
Reloj de mesa con camello y moro: la esfera de este reloj de mesa recubierto de piedras preciosas llenas de colorido, descansa sobre el lomo del camello. Esta obra de orfebrería fue realizada en Augsburgo por Hans Jakob Mair alrededor de 1674.
Настольные часы с верблюдом и мавром: Циферблат этих часов, многоцветно декорированных драгоценными камнями, находится на спине верблюда. Эту ювелирную работу исполнил Ганс Якоб Маир в Аугсбурге приблизительно в 1674 году.

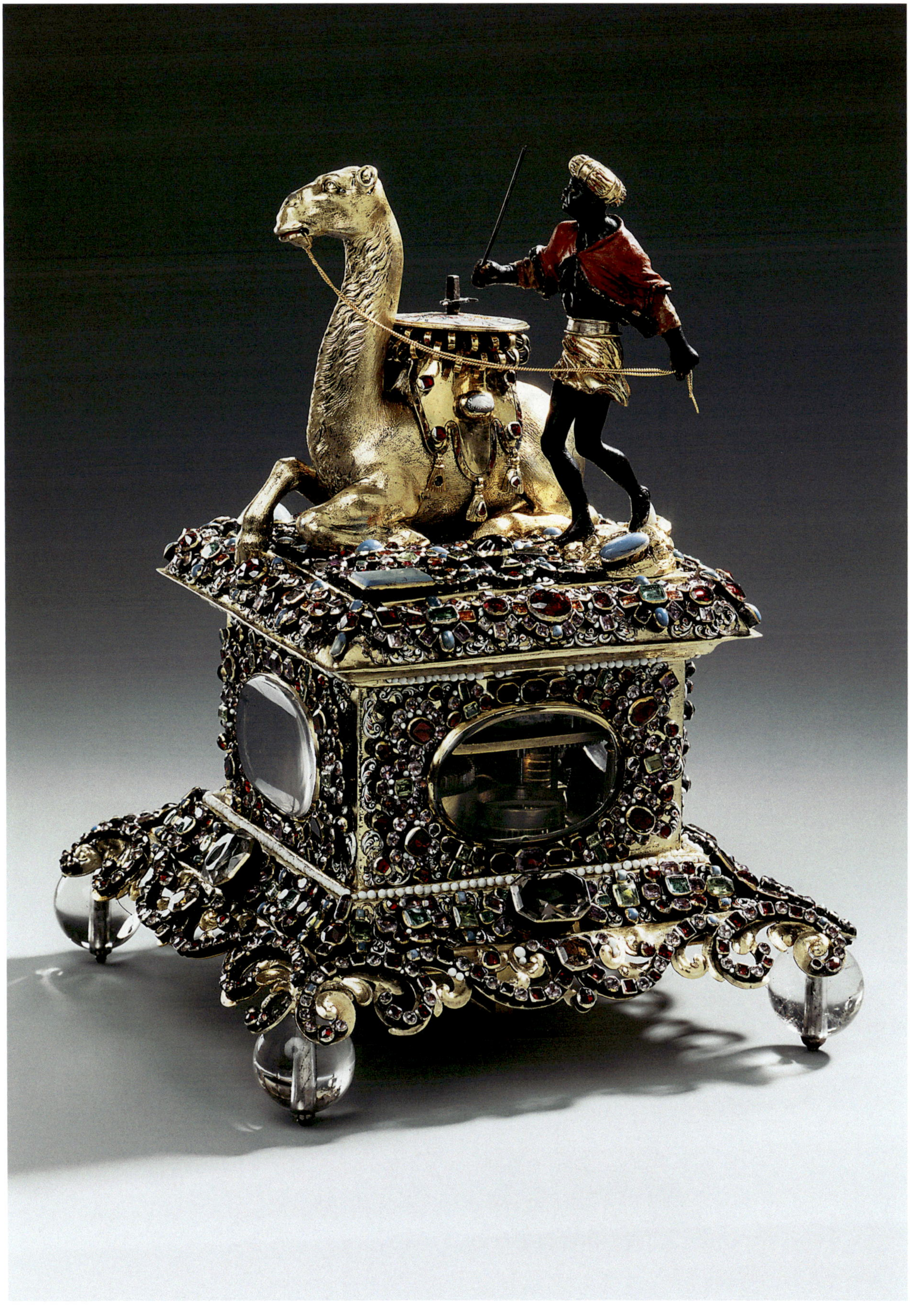

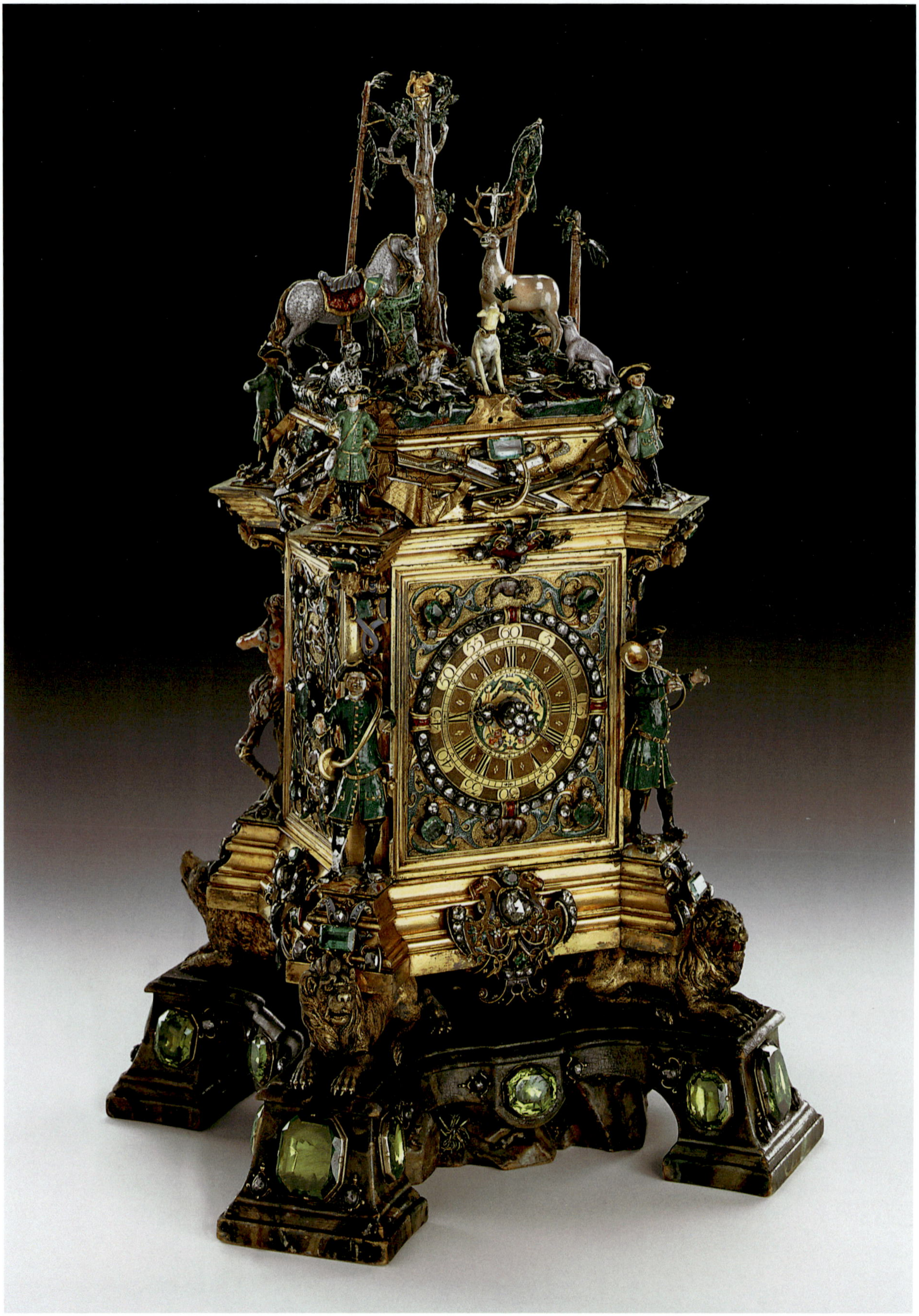

STANZA DEI PREZIOSI DEL RE / SALA DE LAS PRECIOSIDADES REALES / КОМНАТА КОРОЛЕВСКИХ ДРАГОЦЕННОСТЕЙ

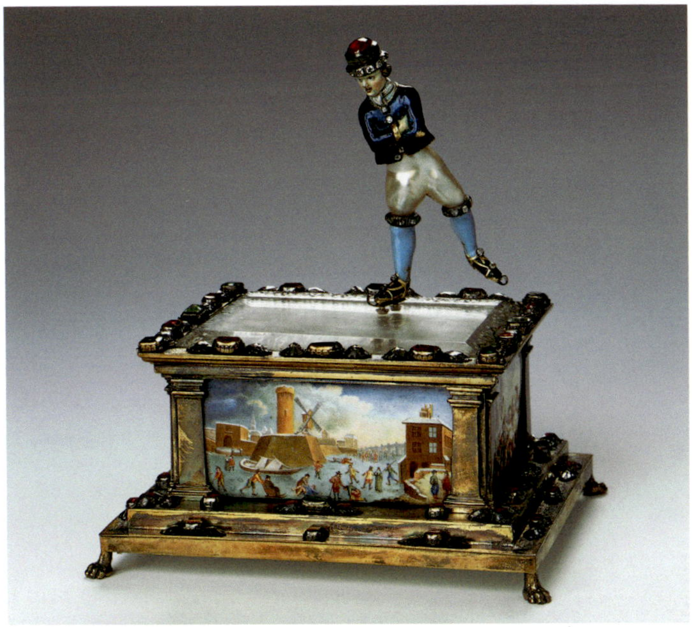

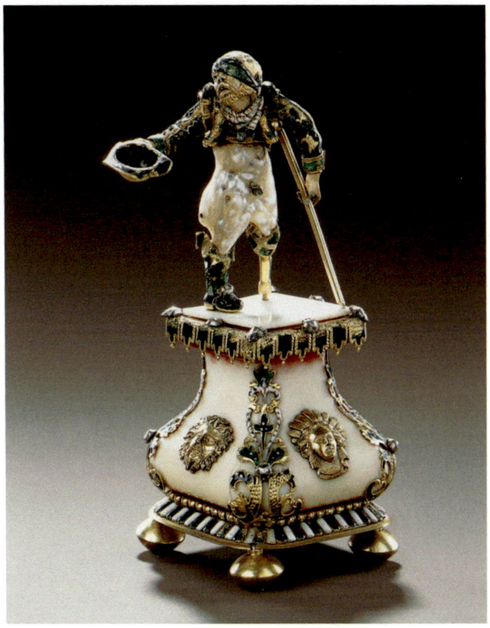

1] **Orologio da tavolo con la leggenda di Sant'Uberto:** sotto Augusto il Forte Dresda visse un breve periodo di rigoglio nella produzione di splendide casse d'orologio in argento dorato con pietre preziose. Qui l'orafo Johann Heinrich Köhler, attorno al 1710, racconta la leggenda di Uberto che ignorò il divieto di caccia in un giorno di festività ma che fu convertito dall'apparizione di un cervo con un crocifisso tra le ramificazioni delle sue corna.

Reloj de mesa con la leyenda de San Huberto: durante el mandato de Augusto el Fuerte, Dresde experimentó un breve auge de la producción de fastuosas cajas de reloj de plata dorada y piedras preciosas. Aquí el orfebre Johann Heinrich Köhler representa la leyenda de Huberto, que hizo caso omiso de la prohibición de cazar en día Santo, pero se convirtió tras contemplar la aparición de un ciervo con una cruz en el centro de su cornamenta (aprox. 1710).

Настольные часы с изображением легенды о святом Губерте: На время правления Августа Сильного выпал период рассвета изготовления великолепных часовых корпусов из золочёного серебра и драгоценных камней. На представленных здесь часах ювелир Иоанн Генрих Кёллер изобразил в 1710 году сцену из легенды, по которой Губерт нарушил запрет на охоту в праздничный день, но при виде оленя с крестом в рогах был наставлен на путь истины.

2] **Olandese che pattina sul ghiaccio:** delle »perle barocche« di forma irregolare costituiscono la base delle piccole statuette in oro, smalto e pietre preziose dell'inizio del 18° secolo di cui il Grünes Gewölbe possiede 57 esemplari, la più grande collezione di tutto il mondo.

El patinador holandés: las perlas »barocco«, con forma irregular, constituyen el fundamento de esta pequeña estatuilla de oro, esmalte y piedras preciosas de comienzos del siglo XVIII, de las cuales el Grünes Gewölbe posee 57 piezas, la mayor colección en todo el mundo.

Голландец, катающийся на коньках: Жемчужины неправильной формы, так называемые »барочные«, являются с начала 18 века основой маленьких статуэток из золота, эмали и драгоценных камней. »Грюнес Гевёльбе« обладает 57 такими экземплярами – самой большой в мире коллекцией такого рода.

3] **Mendicante con un occhio solo e una gamba di legno (Jean Louis Girardet, Berlino prima del 1725):** il mendicante alto 10 cm, il cui corpo consiste quasi per intero in una singola perla barocca, è un ex-soldato – come indica la sua giacca che fa pensare ad un'uniforme e la sua sacca.

Mendigo tuerto con pata de palo (Jean Louis Girardet, Berlín, anterior a 1725): este mendigo de 10 cm de altura, cuya cabeza consiste casi por completo en una sola perla barroca, es en realidad un veterano de guerra, según se deduce de su chaqueta, que recuerda a un uniforme, y su macuto.

Одноглазый нищий с деревянной ногой (Жан Луис Жирардет, Берлин, до 1725 г.): Этот нищий высотой 10 см. и с головой, выполненной почти только из одной »барочной« жемчужины, – бывший солдат, о чём говорит его пиджак, похожий на военную форму, и солдатский ранец.

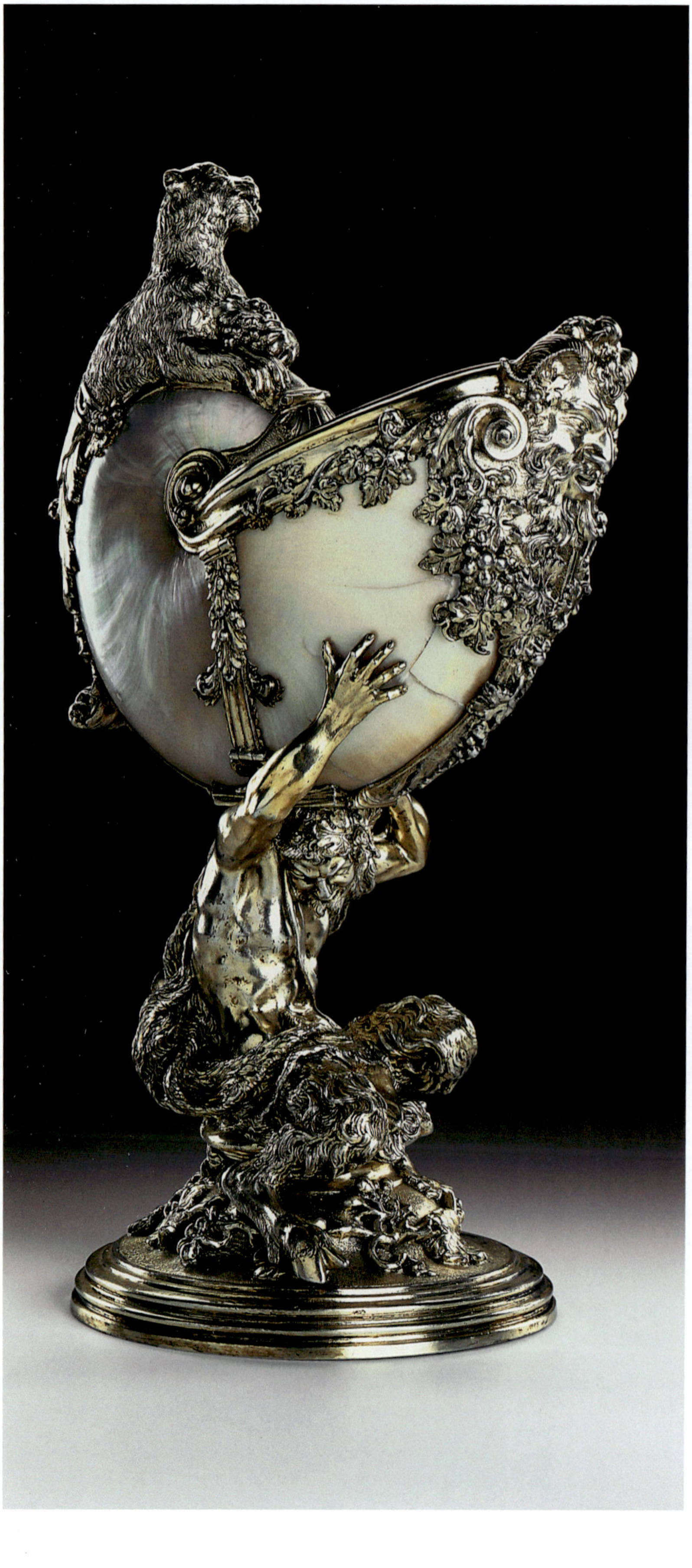

4] **Coppa di nautilus sostenuta da satiro:** il famoso scultore di corte sassone Balthasar Permoser progettò la coppa da esibizione con il satiro che con la sua nuca fa leva su tutte le proprie forze per reggere l'imbarcazione in perla. Bernhard Quippe realizzò l'opera di oreficeria attorno al 1707.

Copa de Nautilus soportada por un sátiro: el renombrado escultor sajón de la corte Balthasar Permoser diseñó esta suntuosa copa con el sátiro que sostiene con gran esfuerzo el barco sobre su nuca. Bernard Quippe realizó la orfebrería alrededor de 1707.

Кубок из раковины Nautilus с держащим его сатиром: Эскиз этого роскошного кубка с сатиром, который с усилием пытается удержать жемчужную лодку на спине, выполнил известный саксонский придворный скульптор Балтазар Пермозер. Ювелирную работу исполнил Бернхард Квиппе ок. 1770 г.

5] **Coppa di nautilus con rami di corallo:** gli orafi montarono le conchiglie del nautilus pomilius, una specie primitiva di seppia che si trova nel Pacifico del Sud, creando, soprattutto nei decenni attorno al 1600, raffinate coppe da esibizione. Nel 1724 Johann Heinrich Köhler assemblò la coppa di nautilus con la composizione che ora ne costituisce la base.

Copa de Nautilus con una rama de coral: las conchas del Nautilus pompilius, una primitiva especie de cefalópodo originaria del Pacífico Sur, fueron utilizadas a menudo por los orfebres, sobre todo en las décadas alrededor del año 1600, para confeccionar elegantes y ostentosas copas. En 1724, Johann Heinrich Köhler combinó la copa de Nautilus con el grupo que conforma la base.

Кубок из раковины Nautilus с коралловыми зубцами: Раковины Nautilus pomilius, одной из древнейших разновидностей каракатиц, встречающихся в южной части Тихого океана, в 1600 г. использовались ювелирами в основном для изготовления элегантных и роскошных кубков. В 1724 году Иоанн Генрих Кёллер соединил в представленной здесь работе раковину Nautilus с композиционной группой, которая является ножкой кубка.

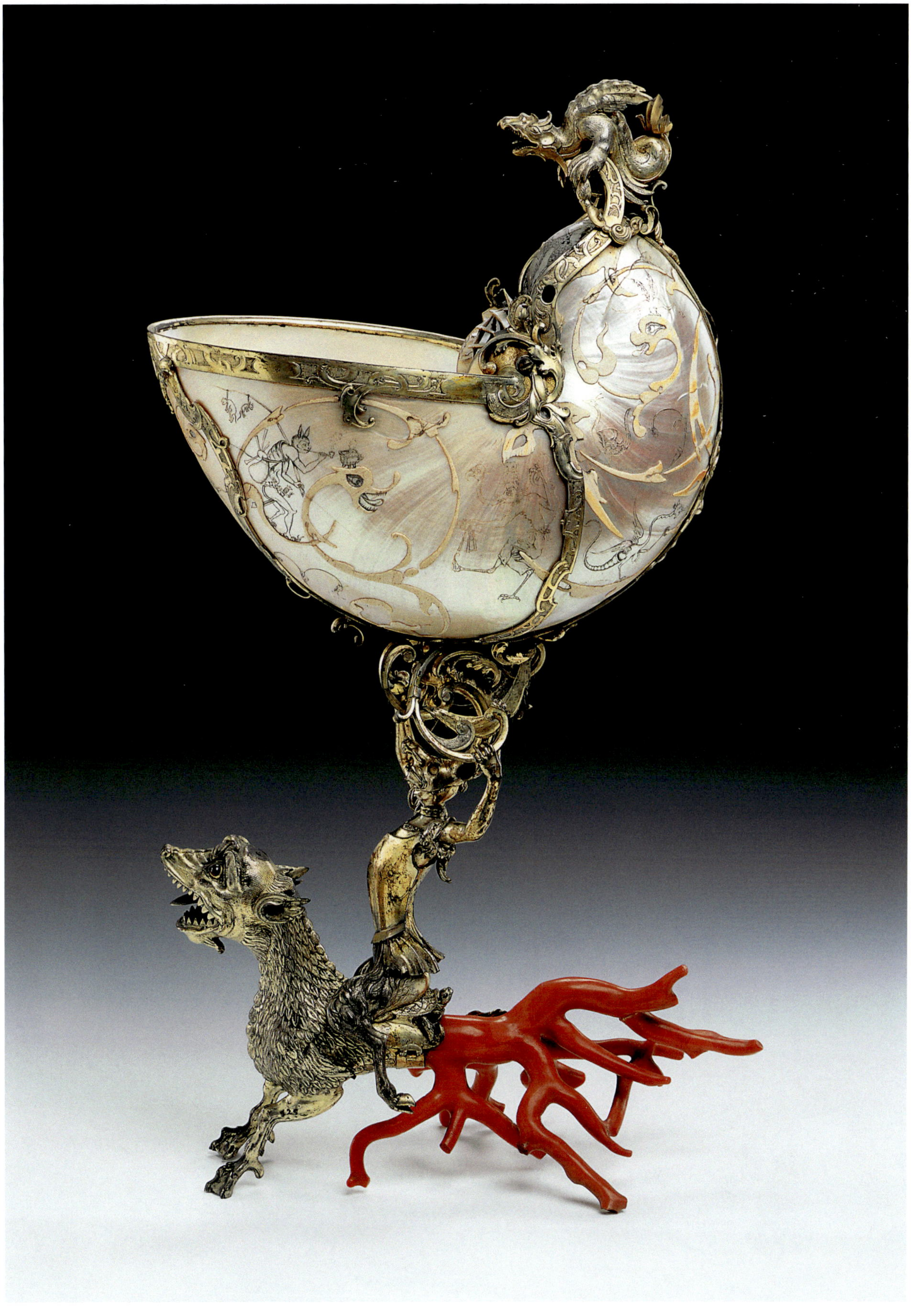

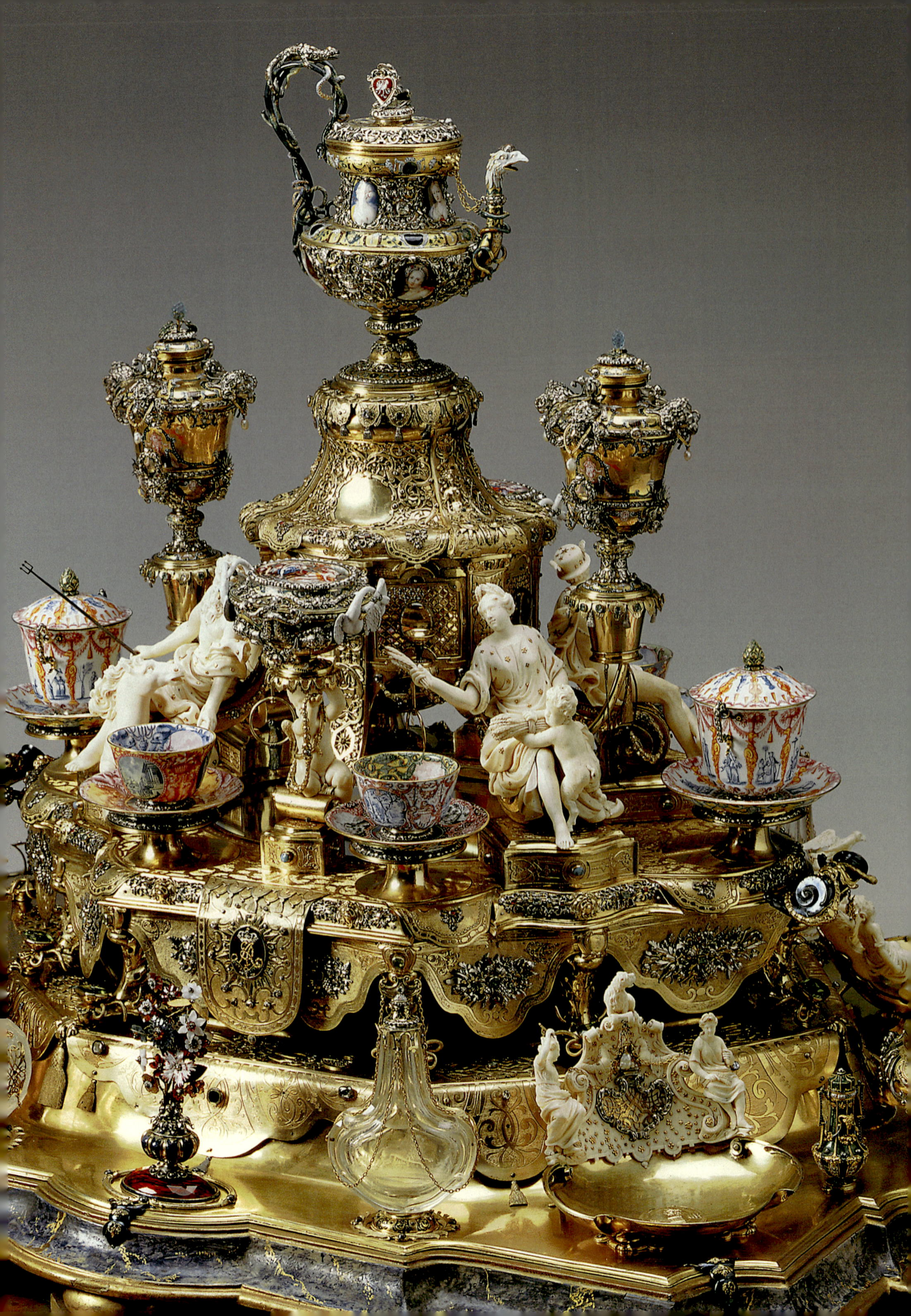

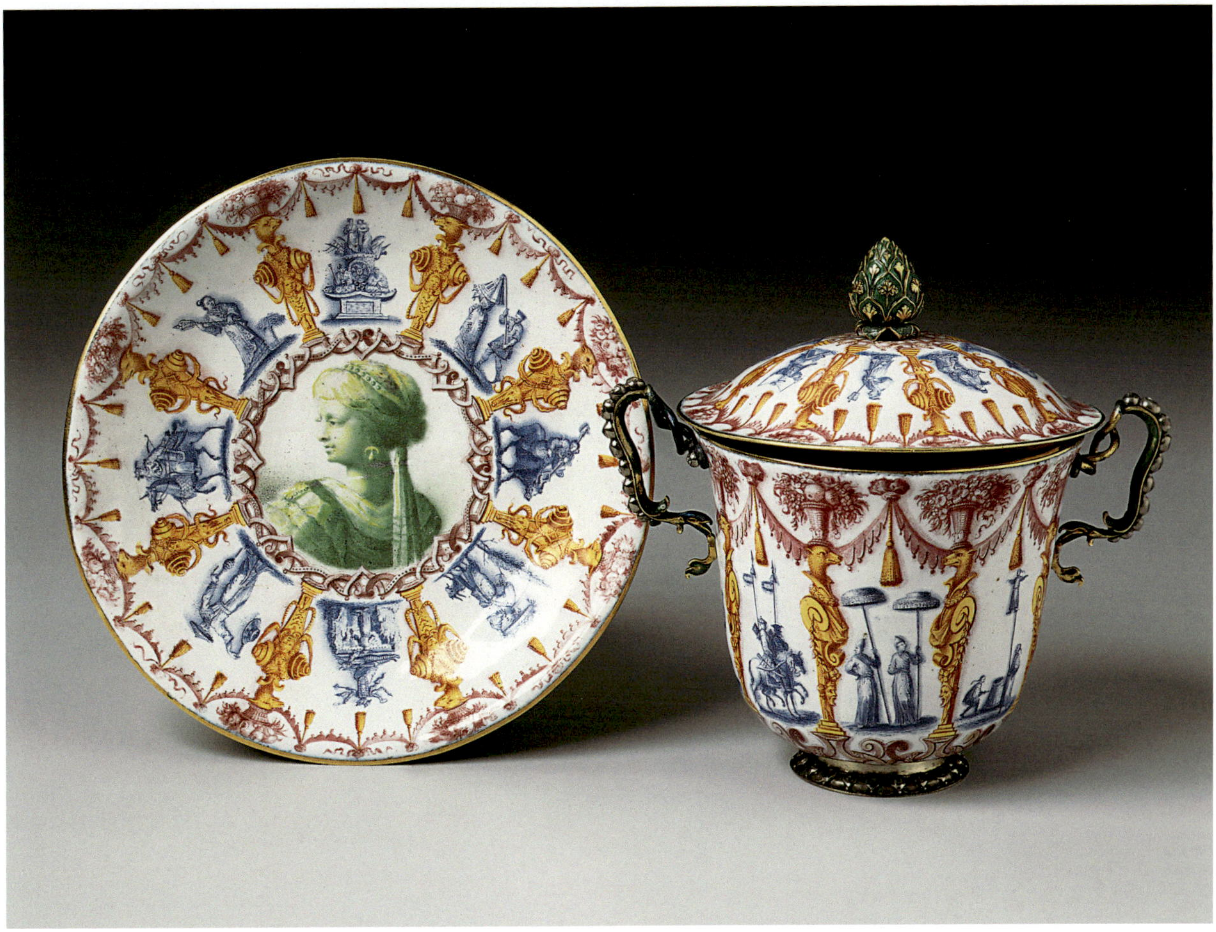

1] **Servizio da caffé in oro:** nel 1697, un decennio buono prima dell'invenzione della porcellana europea, Johann Melchior Dinglinger cominciò a lavorare su questo oggetto di Schatzkunst estremamente prezioso e allora come oggi senza precedenti. I 45 elementi del servizio sono realizzati in argento, oro e smalto con 5600 diamanti. La smaltatura è di Georg Friedrich Dinglinger e le sculture in avorio di Paul Heermann. Esse rappresentano le divinità classiche Nettuno, Cerere, Mercurio e Minerva.
El juego de café de oro: En 1697, más de un siglo antes de que se inventara la porcelana europea, Johann Melchior Dinglinger comenzó esta obra de arte, aún hoy sin parangón y sumamente valiosa. Este juego de 45 piezas está compuesto por plata, oro y esmalte con 5.600 diamantes. El esmaltado es de Georg Friedrich Dinglinger y las esculturas de marfil de Paul Heermann. Representan a las deidades clásicas Neptuno, Ceres, Mercurio y Minerva.
Золотой кофейный сервиз: Более чем за десять лет до изобретения европейского фарфора, в 1697 году Мельхиор Динглингер приступил к выполнению этой чрезвычайно драгоценной, по сей день несравнимой в мире искусства работы. Этот сервиз из 45 предметов состоит из серебра, золота и эмали с 5600 алмазами. Работу с эмалью выполнил Георг Фридрих Динглингер, скульптуры из слоновой кости – Пауль Геерман. Эти скульптуры изображают античных богов Нептуна, Цереру, Меркурия и Минерву.

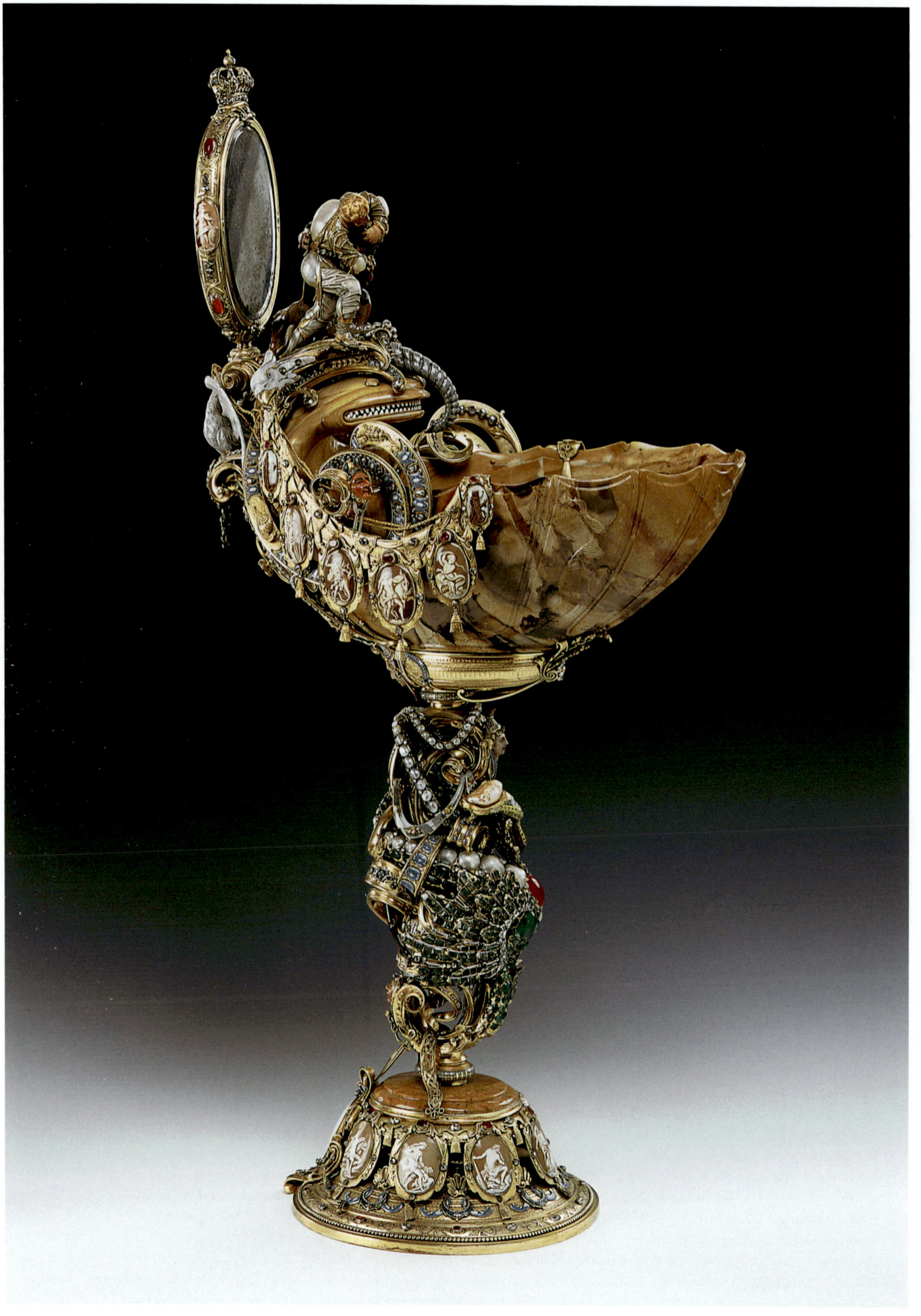

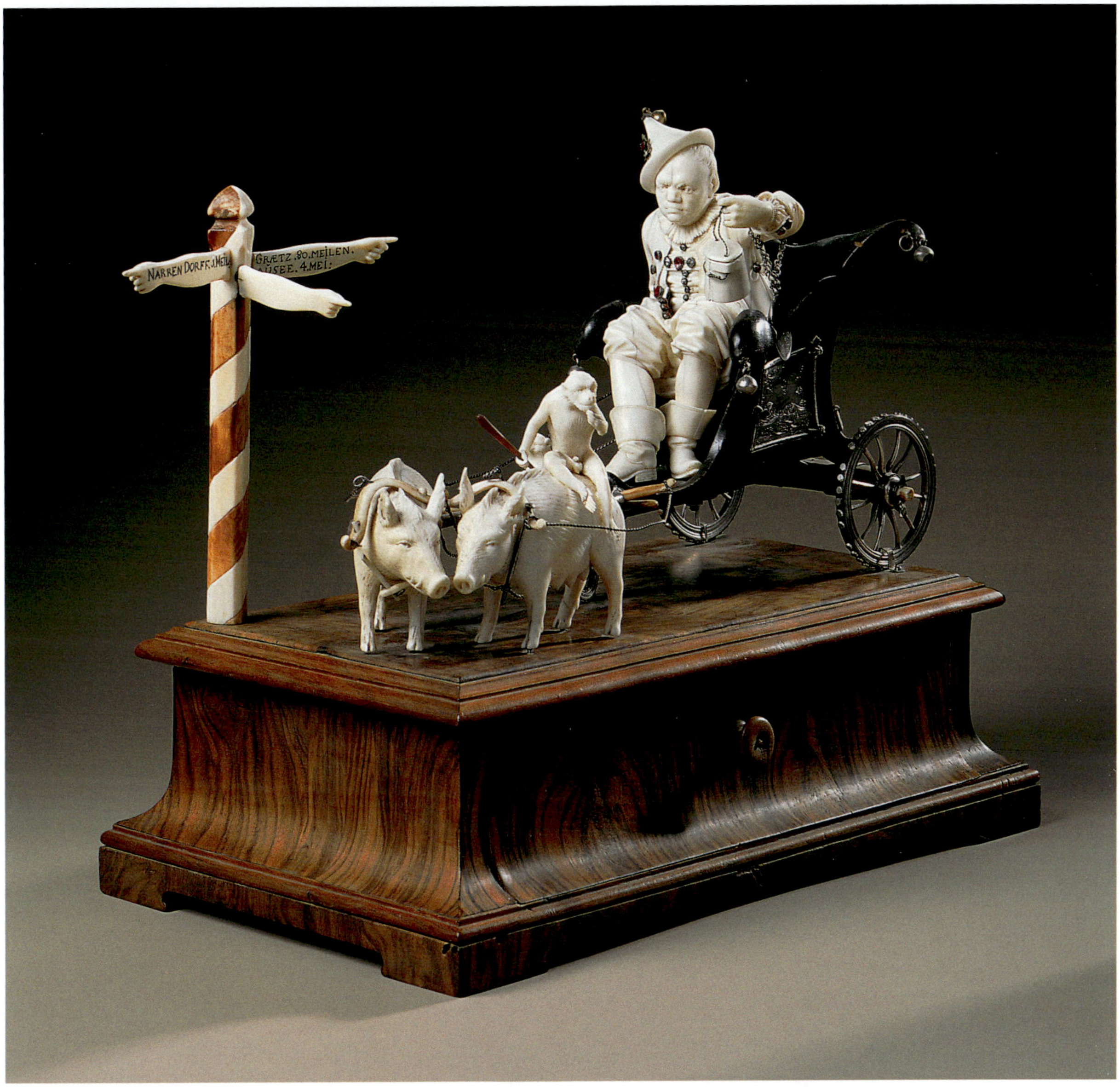

2] **Scodella da esibizione con Ercole che combatte:** Augusto il Forte trovò in Johann Melchior Dinglinger, che era tra i più grandi artisti nel suo campo della storia dell'arte europea, un orafo di genio a suo servizio. Dinglinger lavorò a questa scodella presumibilmente per più di due decenni, dal 1708 al 31.

Lujoso cuenco con Hércules luchando: con Johann Melchior Dinglinger, Augusto el Fuerte tenía un genial orfebre a su servicio, que figura entre los máximos exponentes de su oficio en la historia del arte europeo. Al parecer, Dinglinger trabajó en este cuenco más de dos décadas, desde 1708 hasta 31.

Чаша с борющимся Геркулесом: Иоанн Мельхиор Динглингер являлся гениальным ювелиром на службе у Августа Сильного и одним из самых выдающихся мастеров в своей области в истории европейского искусства. Над этой чашей Динглингер работал более двадцати лет, с 1708 по 1731 год.

3] **Il buffone di corte Joseph Fröhlich con una carrozza trainata da una coppia di maiali:** il giocoliere e buffone di corte di Dresda è ritratto alla guida di una carrozza in ebano e ha in serbo una sorpresa: quando uno dei due sportelli laterali si apre, il buffone si mostra con i pantaloni abbassati. Il piccolo cofanetto in legno di noce era pensato per riporvi l'occorrente per scrivere.

Bufón de la corte Joseph Fröhlich con calesa tirada por cerdos: el prestidigitador y bufón de la corte de Dresde, sentado en su calesa de ébano, nos prepara una sorpresa: abriendo una de las puertas laterales puede observarse que el bufón tiene los pantalones bajados. La cajita de madera de nogal se concibió para guardar útiles de escritorio.

Придворный шут Иосиф Фрёлих со свиньями в упряжке: Дрезденский шут и фокусник сидит в коляске из ебенового дерева и держит наготове сюрприз: если открыть одну из боковых дверок, можно увидеть, что шут сидит со спущенными штанами. Коробочка из орехового дерева предназначалась для письменных принадлежностей.

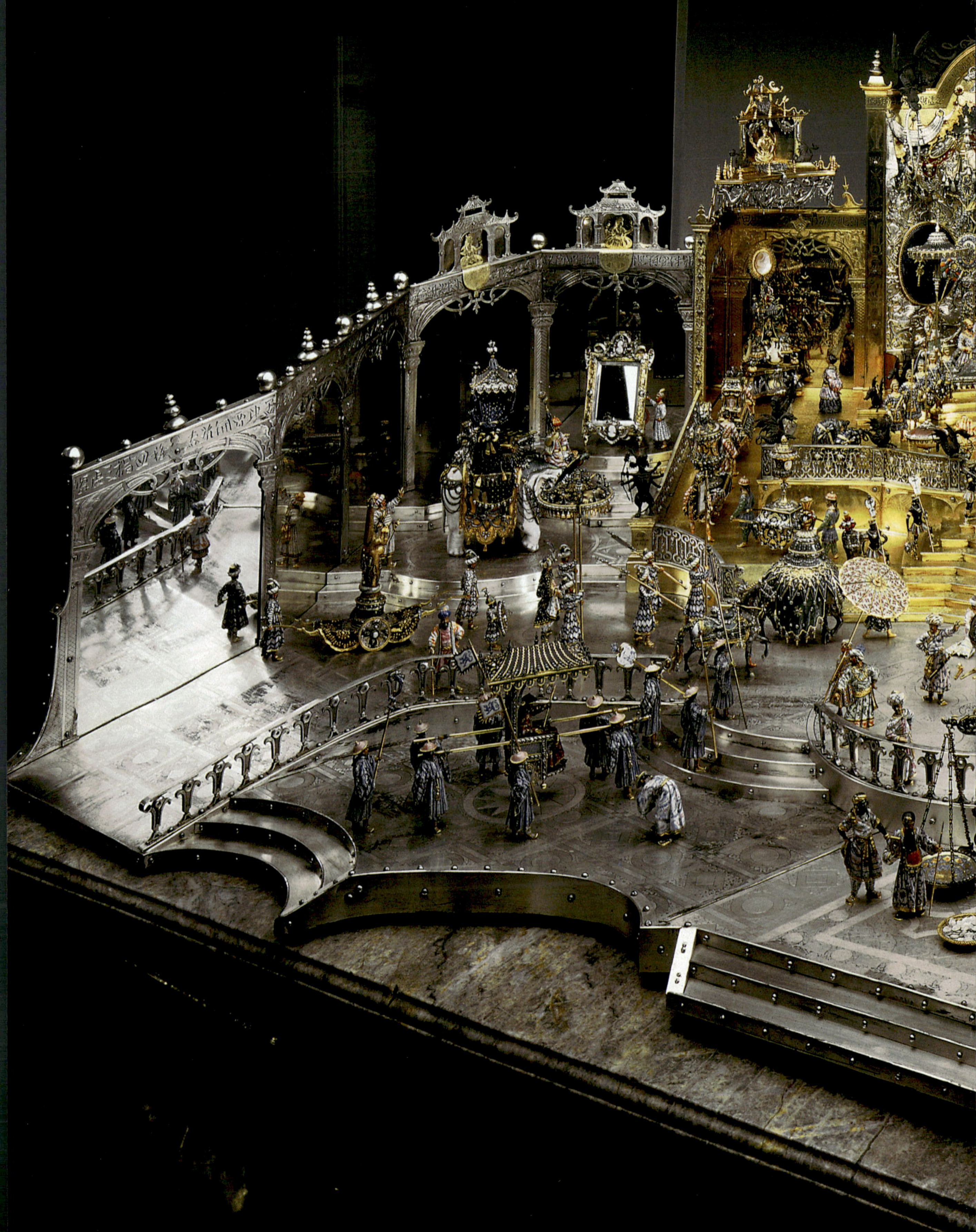

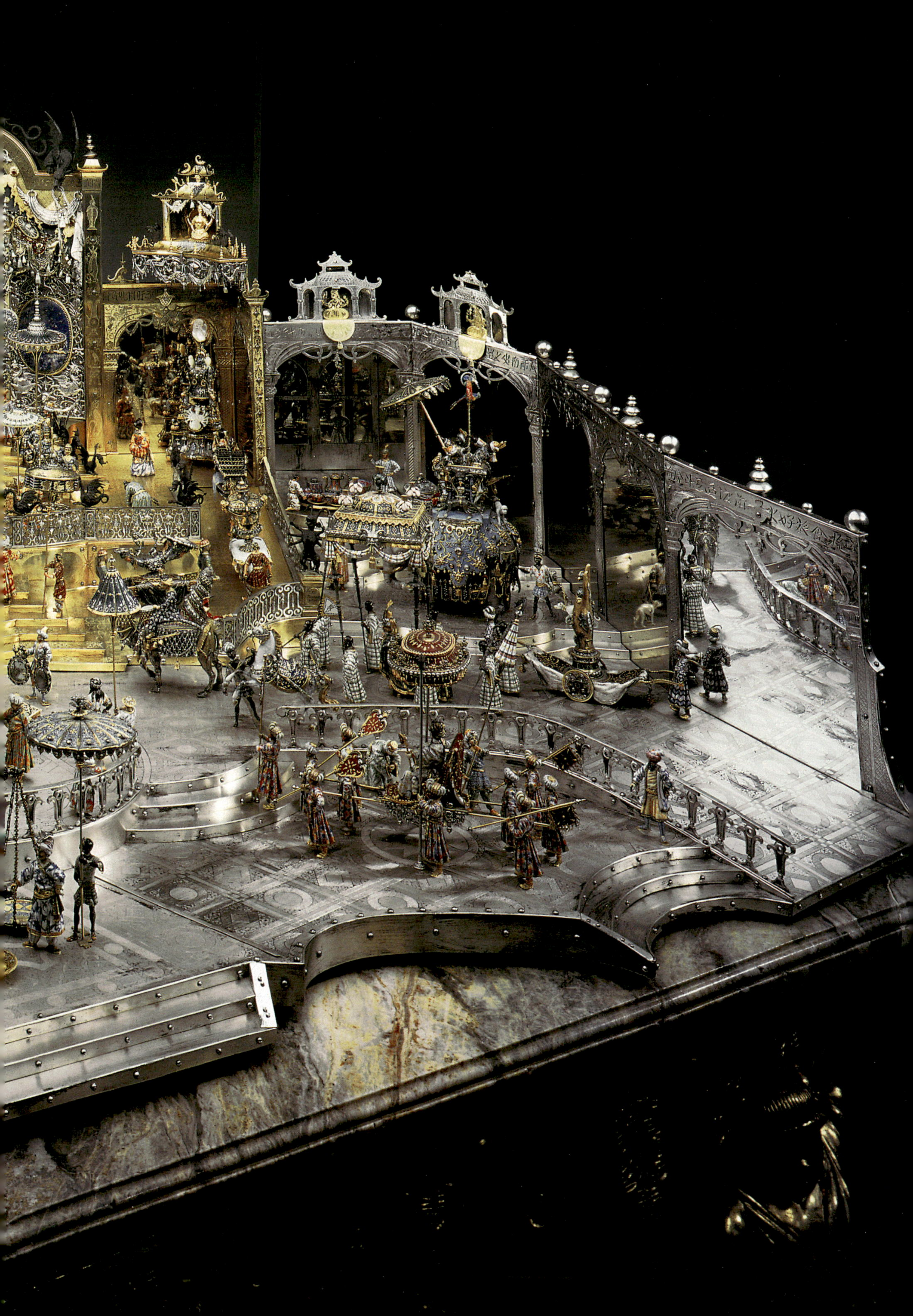

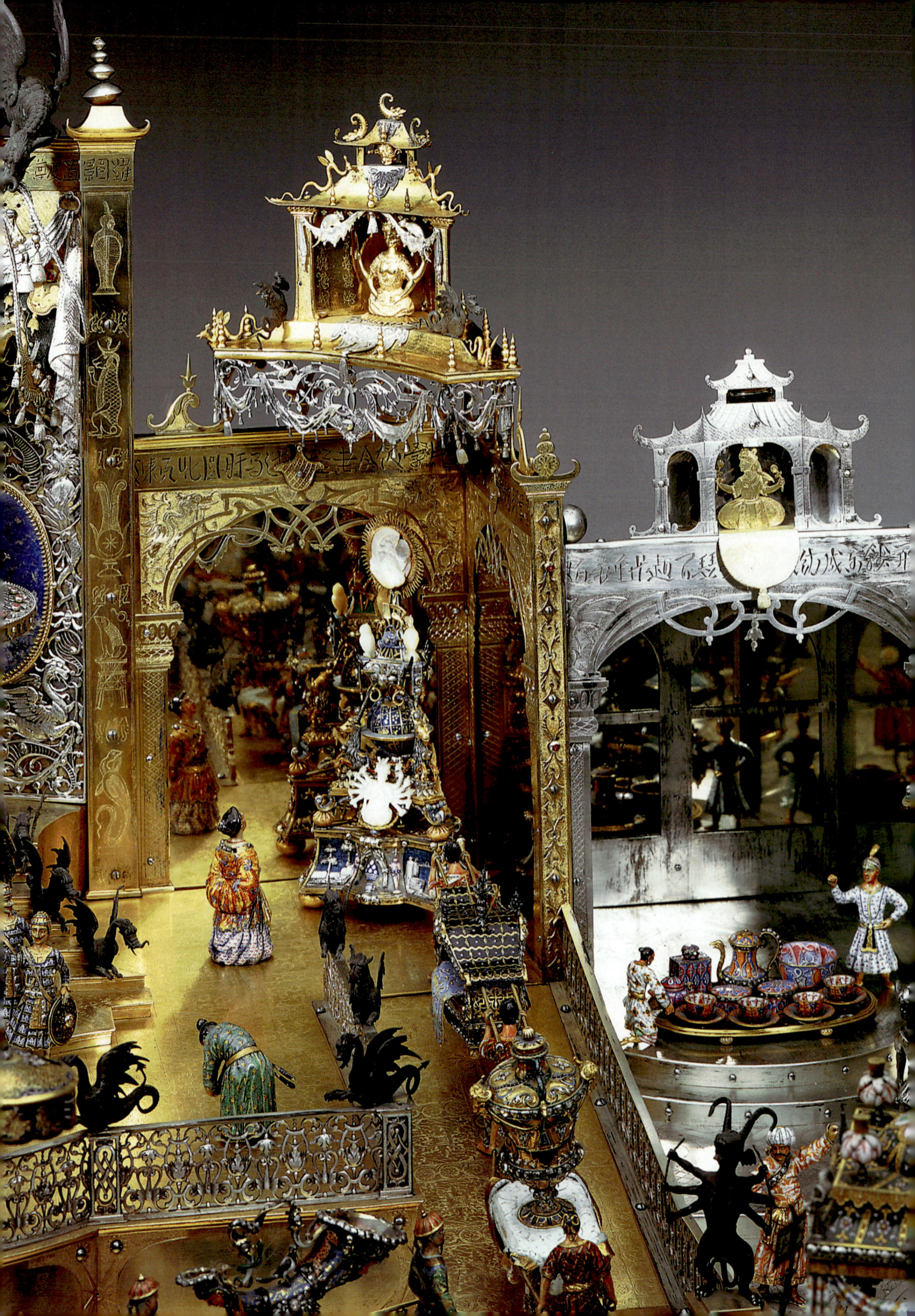

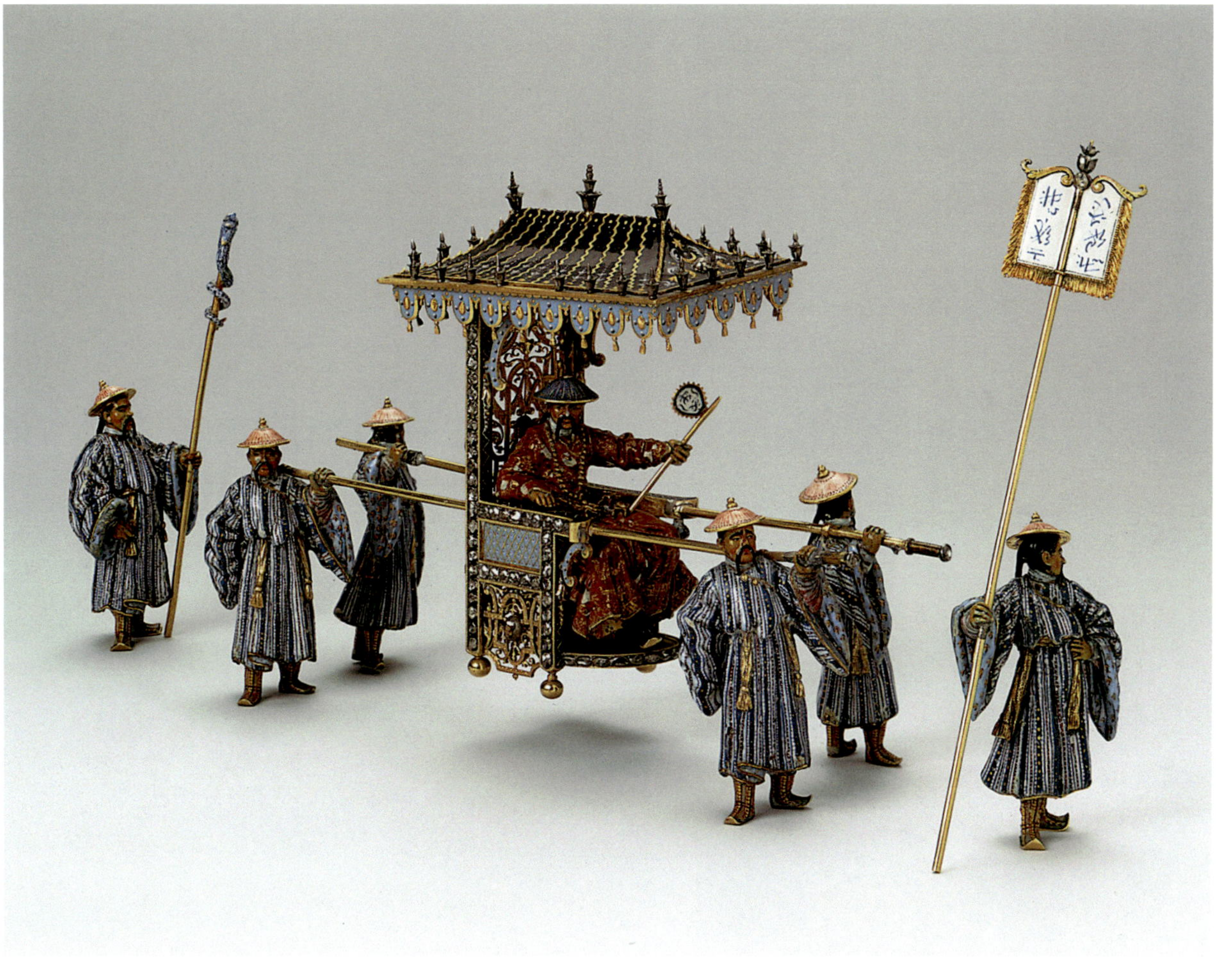

4] **Trono del Grande Mogul Aurangzeb:** Aurangzeb, rappresentato in questa opera, era un celebre contemporaneo di Augusto il Forte e regnò su tutto il subcontinente indiano. Johann Melchior Dinglinger, i suoi fratelli Georg Christoph e Georg Friedrich e numerosi assistenti lavorarono su questo esemplare da esibizione dal 1701 al 1708. Essi usarono oro, argento e innumerevoli pietre preziose – tra esse, solo di diamanti, 5223 – per creare una messinscena del compleanno del Grande Mogul. Questa opera è il primo oggetto di chinoiserie tedesca su vasta scala ed è il magnifico punto culminante del Nuovo Grünes Gewölbe.

El trono del Gran Mogol Aurangzeb: Aurangzeb, representado en esta obra, fue un legendario contemporáneo de Augusto el Fuerte que reinó en todo el subcontinente indio. Johann Melchior Dinglinger y sus hermanos Georg Christoph y Georg Friedrich, además de numerosos asistentes, trabajaron en esta obra entre 1701 y 1708 y utilizaron oro, plata e innumerables piedras preciosas (entre ellas 5.223 diamantes) para recrear el aniversario del Gran Mogol y conseguir al mismo tiempo la primera pieza de chinoiserie a gran escala de Alemania, que constituye hoy en día la obra culminante y más impresionante del Neues Grünes Gewölbe.

Трон Великого монгола Ауренга Зеба: Изображенный здесь Ауренг Зеб, знаменитый современник Августа Сильного, был правителем всего индийского субконтинента. Иоанн Мельхиор Динглингер, его братья Георг Кристоф и Георг Фридрих и их многочисленные помощники работали с 1701 по 1708 год над тем, чтобы из золота, серебра и многочисленных драгоценных камней, в том числе 5223 алмазов, создать сцену, изображающую дворцовый приём в день рождения Великого монгола. Это первая грандиозная по размеру работа немецкого Шинуазри (от фр. chinois — китайский) и один из центральных экспонатов »Грюнес Гевёльбе«.

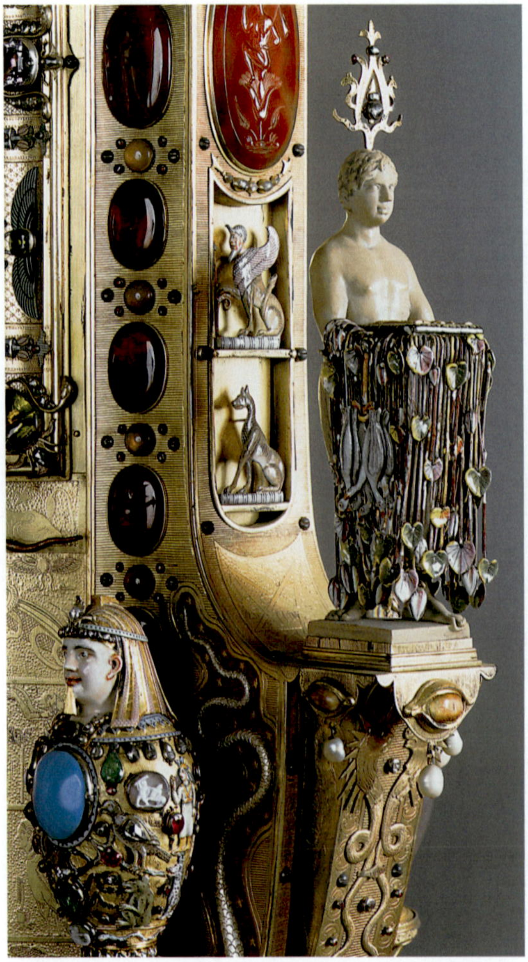

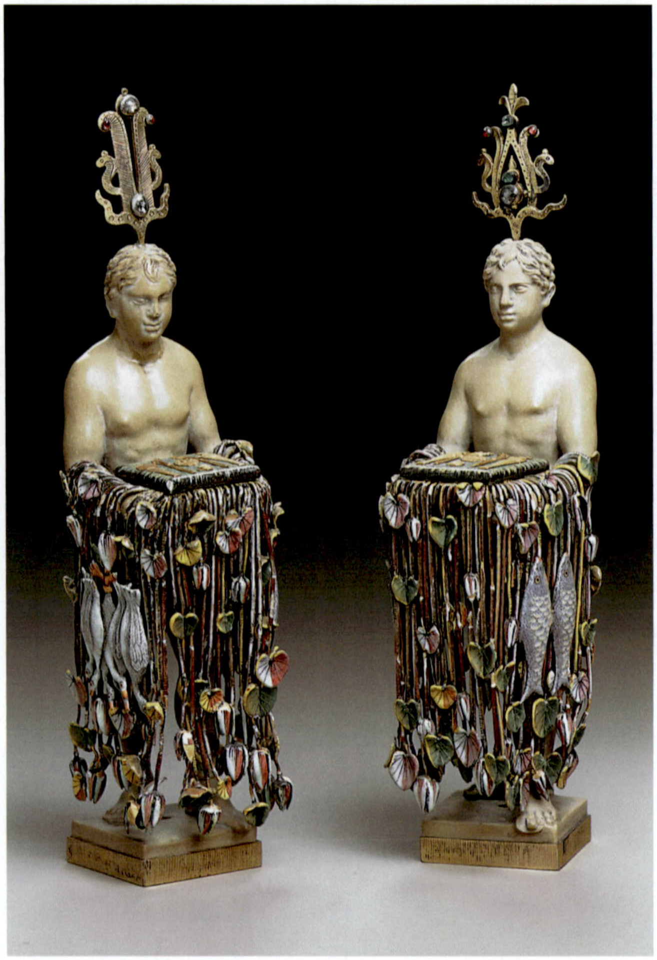

5] **Altare di Apis:** l'ultima opera di Melchior Dinglinger, l'altare di Apis, datata 1729 e 31, è alta quasi 2 metri ed è un magnifico esempio di come veniva vista all'inizio del 18° secolo il mondo delle divinità dell'antico Egitto dei faraoni.
Altar de Apis: esta obra de casi 2 metros de altura, la última de Melchior Dinglinger (datada de 1729 y 31) es un excelente ejemplo de la concepción que se tenía a principios del siglo XVIII de la religión de los faraones del antiguo Egipto.
Апис – Алтарь: Этот алтарь, достигающий в высоту почти два метра, является последней работой Мельхиора Динглингера (датирована 1729 и 1731 г.г.) и ярчайшим примером того, как в начале 18 века представляли божественный мир фараонов Древнего Египта.

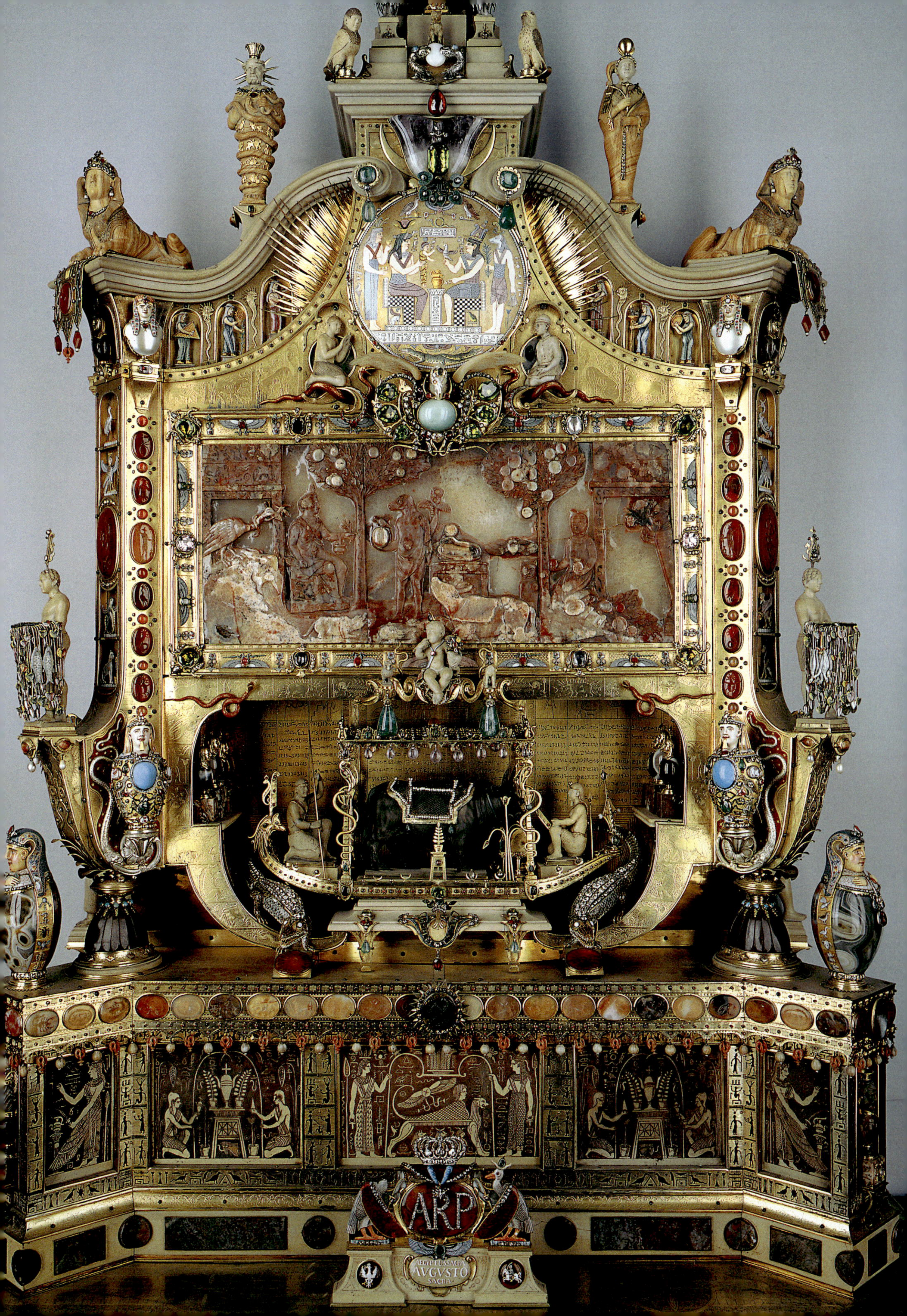
ARP
AEGYPTUS SACRA
AVGVSTO
SACRA

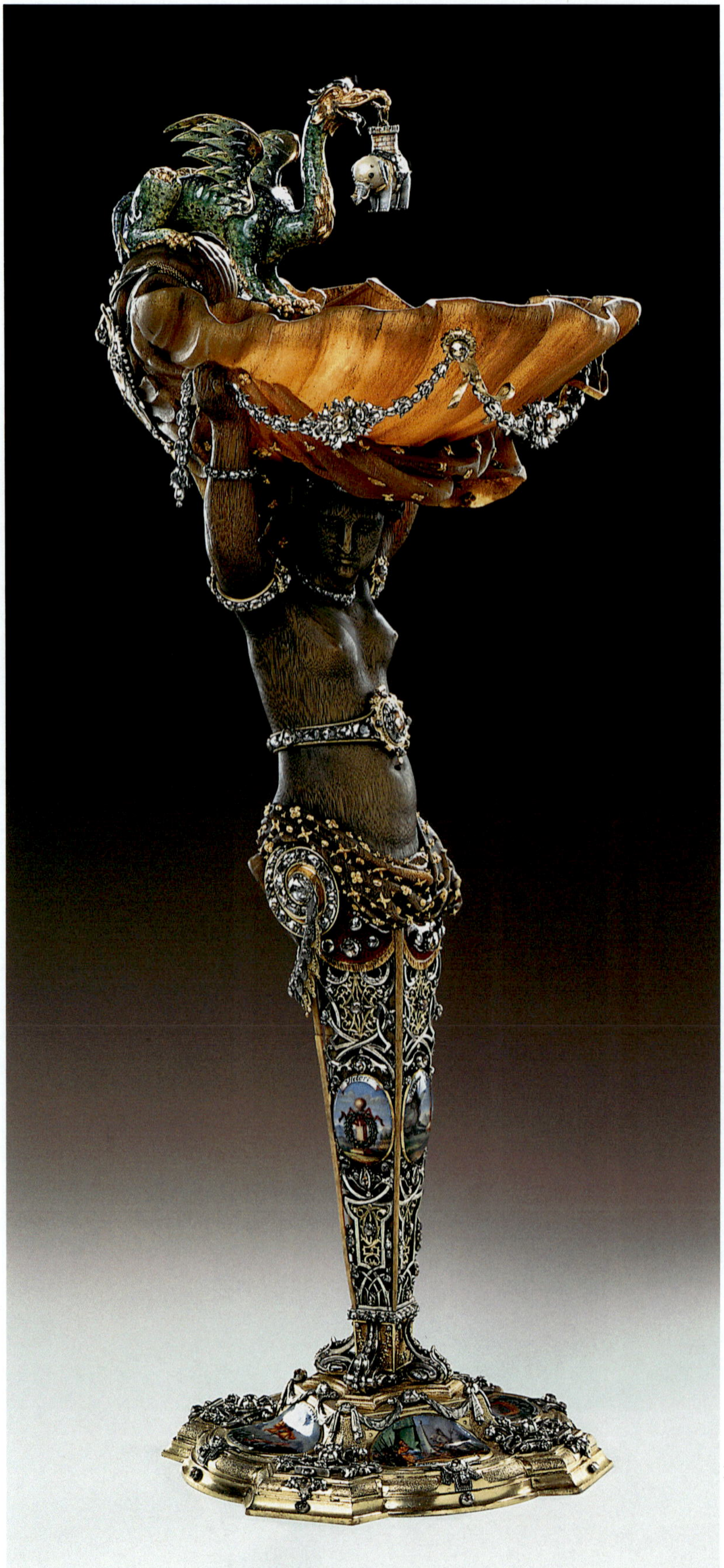

6] **Coppa con donna mora:** questo recipiente da esibizione di Melchior Dinglinger è un magnifico esemplare di arte del tardo Barocco. La figura in corno di rinoceronte è scolpita da Benjamin Thomae.

Copa con mora: este recipiente de Johann Melchior Dinglinger es un magnífico ejemplo del barroco tardío. La figura de cuerno de rinoceronte fue tallada por Benjamin Thomae.

Кубок с негритянкой: Эта шикарная чаша работы Иоанна Мельхиора Динглингера является виртуозным произведением искусства эпохи позднего барокко. Фигура вырезана из рога носорога Бенжамином Тома.

7] **Il bagno di Diana (prima del 1704):** l'opera di Melchior Dinglinger è la raffigurazione di una popolare vicenda tratta dalle *Metamorfosi* di Ovidio. Il cacciatore Atteone incrocia lo sguardo con Diana, la casta dea della caccia, che è rappresentata in avorio, seduta sul bordo di questa magnifica coppa di pietre preziose scolpita da Balthasar Permoser. La dea trasforma il cacciatore in un cervo e gli stessi segugi di Atteone lo inseguono e lo feriscono a morte; la testa del cacciatore giace ai piedi della coppa.

El baño de Diana (anterior a 1704): en esta obra, Johann Melchior Dinglinger representa un relato muy popular de las *Metamorfosis* de Ovidio: el cazador Acteón sorprende durante su baño a Diana, la casta diosa de la caza. La figurilla, tallada en marfil por Balthasar Permoser, está sentada al borde del recipiente de piedras preciosas y convierte a Acteón en un ciervo, que es acosado y despedazado por sus propios perros de caza. Puede verse su cabeza a los pies del cuenco.

Купальня Дианы (до 1704 г.): Иоанн Мельхиор Динглингер изобразил здесь одно из излюбленных сказаний из »Метаморфоз« Овидия: охотник Актеон видит непорочную богиню охоты Диану, исполненную здесь из слоновой кости Балтазаром Пермозером и сидящей на краю раковины из драгоценных камней. Она превращает Актеона в оленя и затравляет его до смерти его собственными собаками. Его голова лежит на подножии кубка.

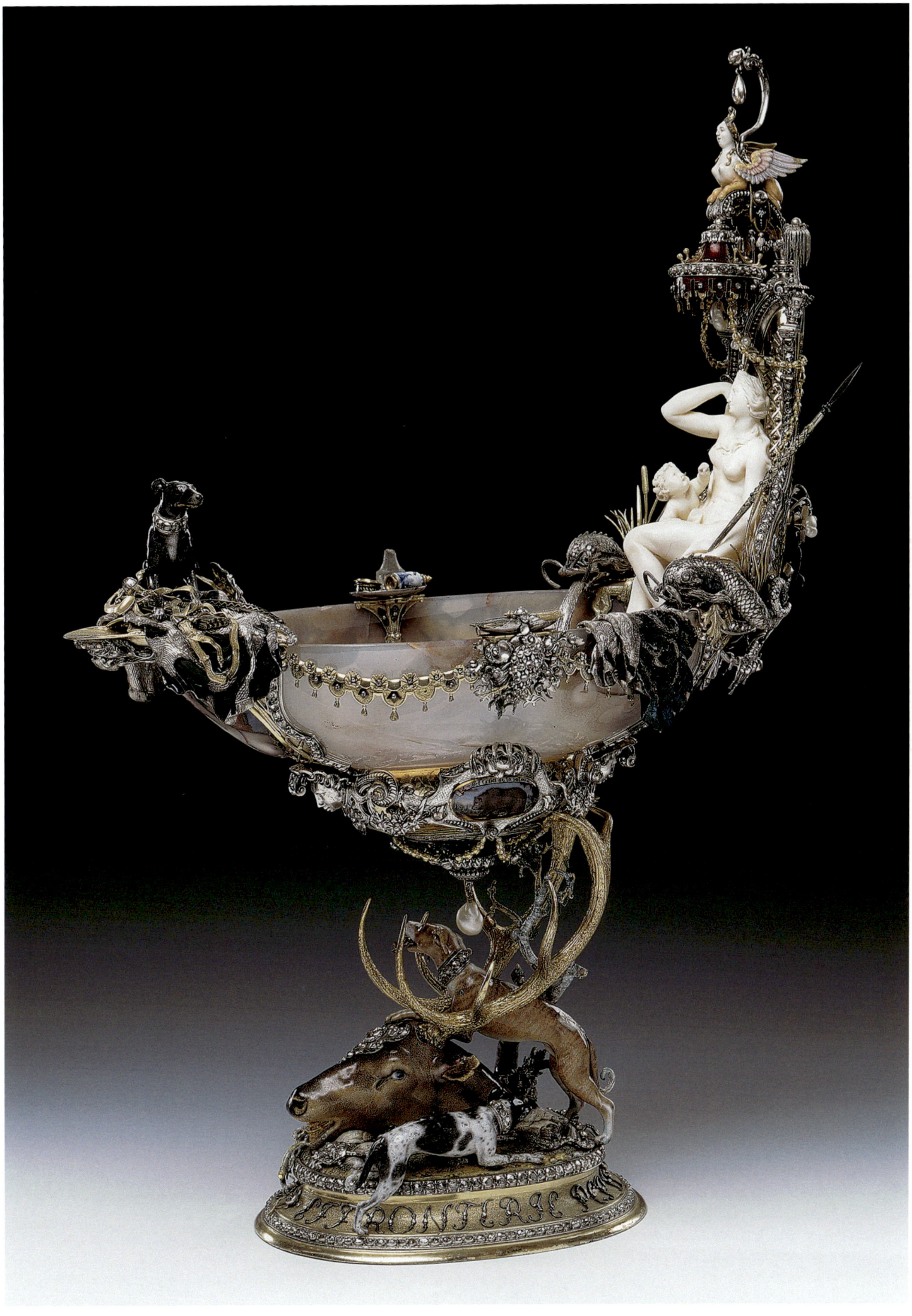

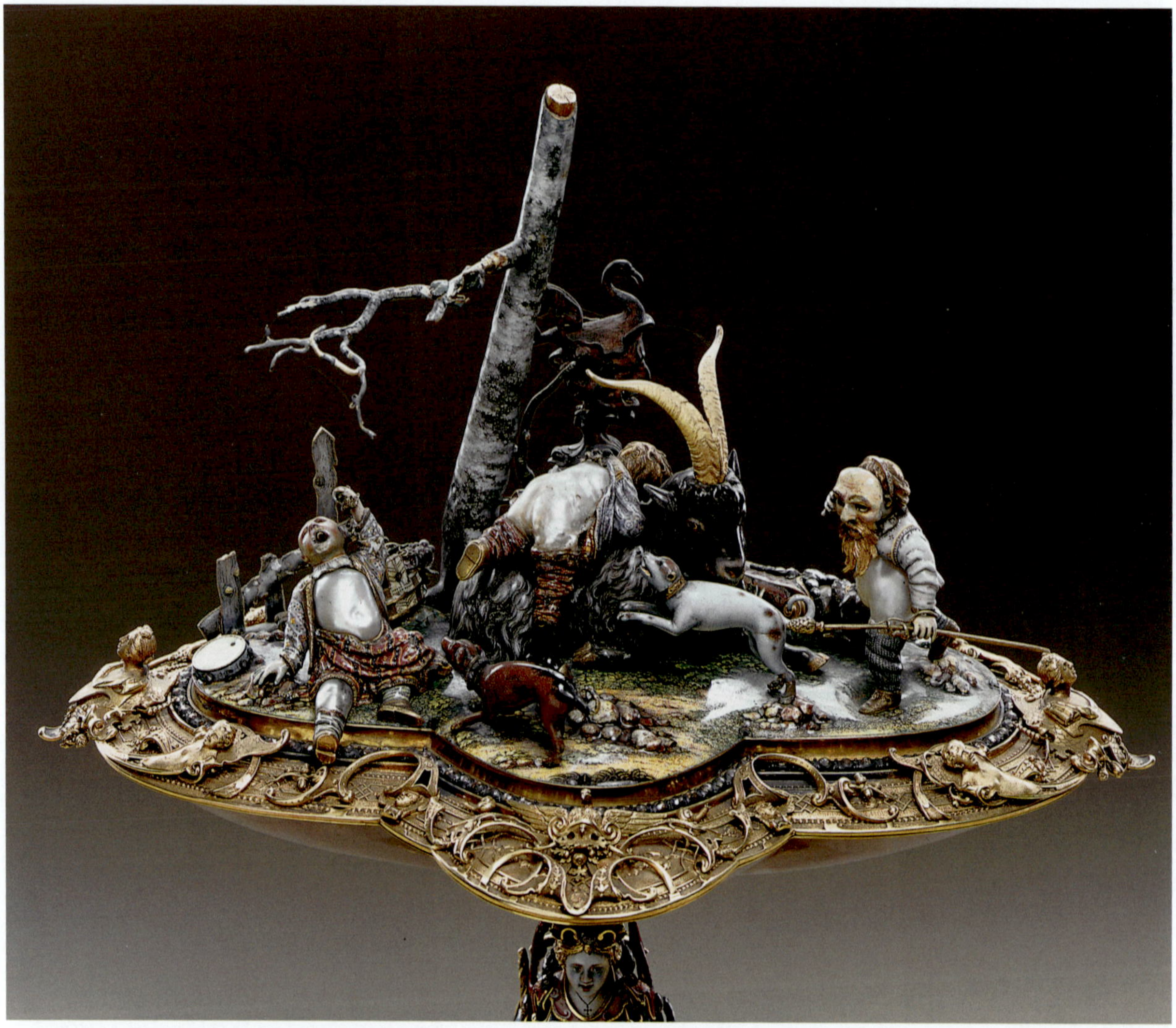

1] **Vaso da esibizione con baccanale di bambini (Johann Melchior e Georg Friedrich Dinglinger, 1711):** tre piccoli ragazzi, i cui corpi sono costituiti da grosse perle, si azzuffano giocosamente sul coperchio di questo recipiente in agata. L'inscrizione »SERIA NESCIT TURBA MINUTA« (il gruppetto non sa nulla di cose serie) va intesa proprio come un ammonimento.

Opulenta vasija con bacanal de niños (Johann Melchior y Georg Friedrich Dinglinger, 1711): en la tapa de éste cuenco de ágata hay tres niños pequeños alborotando, cuyo cuerpo es una gran perla. La inscripción »SERIA NESCIT TURBA MINUTA« (el pequeño grupo no entiende de cosas serias) debe entenderse como una advertencia.

Чаша с вакханалией детей (Иоанн Мельхиор и Георг Фридрих Динглингер, 1711 г.): На крышке чаши из агата резвятся три мальчика, чьи тела состоят из больших жемчужин. Надпись »SERIA NESCIT TURBA MINUTA« (Крохотная группка не знает хлопот) вполне можно интерпретировать как предупреждение.

STANZA DEI PREZIOSI DA VIAGGIO / SALA DE LAS PRECIOSIDADES ITINERANTES / КОМНАТА ДОРОЖНЫХ ДРАГОЦЕННОСТЕЙ

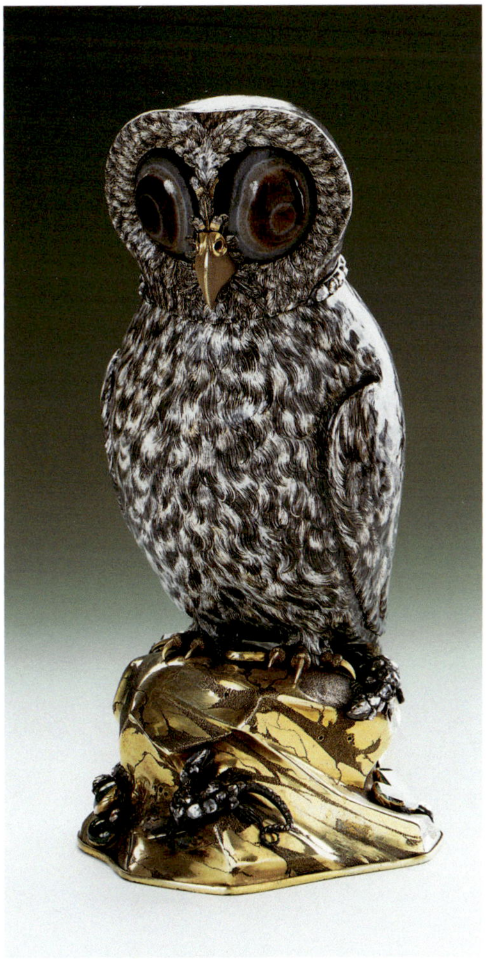

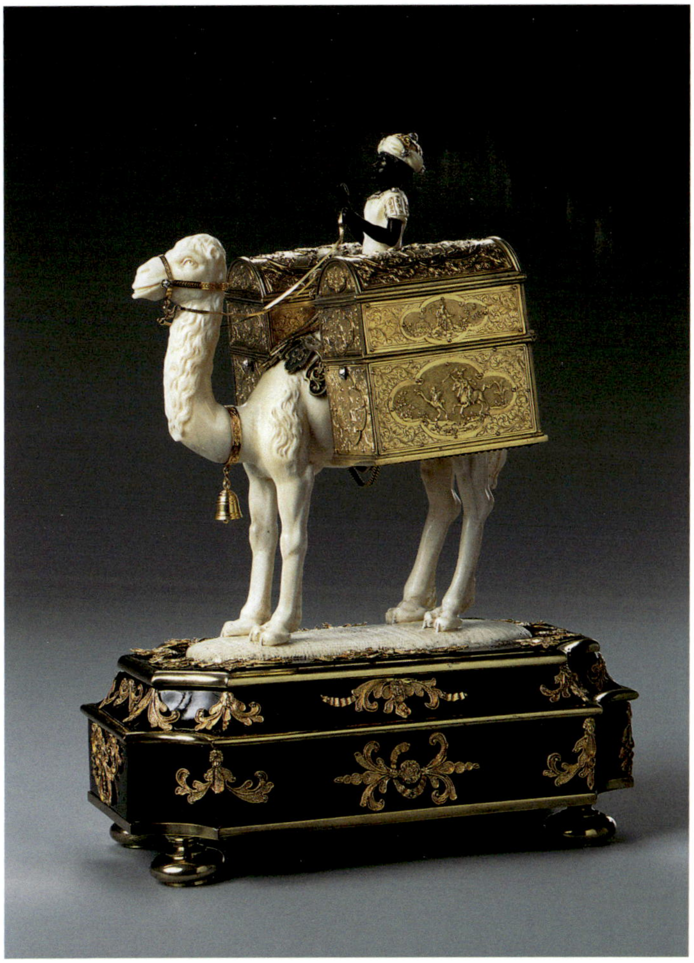

1] **Civetta:** l'orefice di corte Gottfried Döring realizzò questa civetta in oro con piumaggio smaltato prima del 1713. Quando si toglie la testa dell'uccello, questo prezioso oggetto può essere utilizzato come recipiente per bere.
Búho: el joyero de la corte Gottfried Döring creó este búho en oro con plumaje esmaltado antes de 1713. Si se retira la cabeza del ave, esta valiosa preciosidad puede utilizarse como recipiente para beber.
Сова: Придворный ювелир Готфрид Дёринг создал эту сову из золота с эмалевым оперением до 1713 года. При снятии головы совы можно использовать эту драгоценность как питьевой сосуд.

2] **Cofanetto in guscio di tartaruga con cammello come contenitore di boccette di profumo:** i due vani trasportati dal cammello in avorio contengono ciascuno due boccette di vetro per conservare profumi. Nel 1727 questo accessorio di galanteria giunse presso il Grünes Gewölbe dalla collezione dell'Elettrice Christiane Eberhardine.
Cofre de concha de tortuga con camello para guardar frascos de perfume: cada uno de los dos estuches que lleva el camello de marfil contiene dos frascos de cristal para guardar perfume. Este elegante accesorio fue a parar al Grünes Gewölbe en 1727 proveniente de la colección de la princesa electora Christiane Eberhardine.
Черепаховая шкатулка с верблюдом, носильщиком парфюмерных флаконов: Оба чемоданчика, которые несёт верблюд, сделанный из слоновой кости, содержат два стеклянных флакона, предназначенных для хранения парфюма. В 1727 году этот элегантный аксессуар был передан в »Грюнес Гевёльбе« из коллекции курфюстины Кристиане Эбергардине.

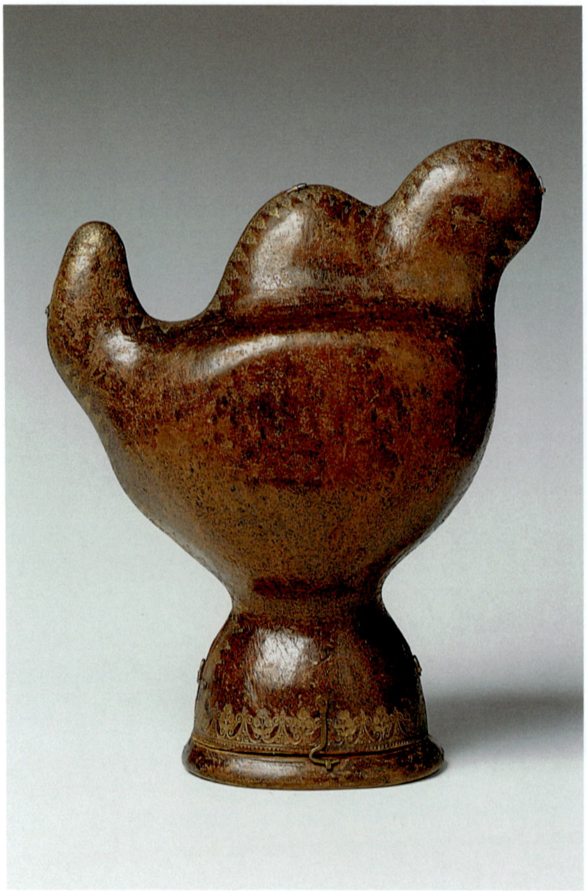 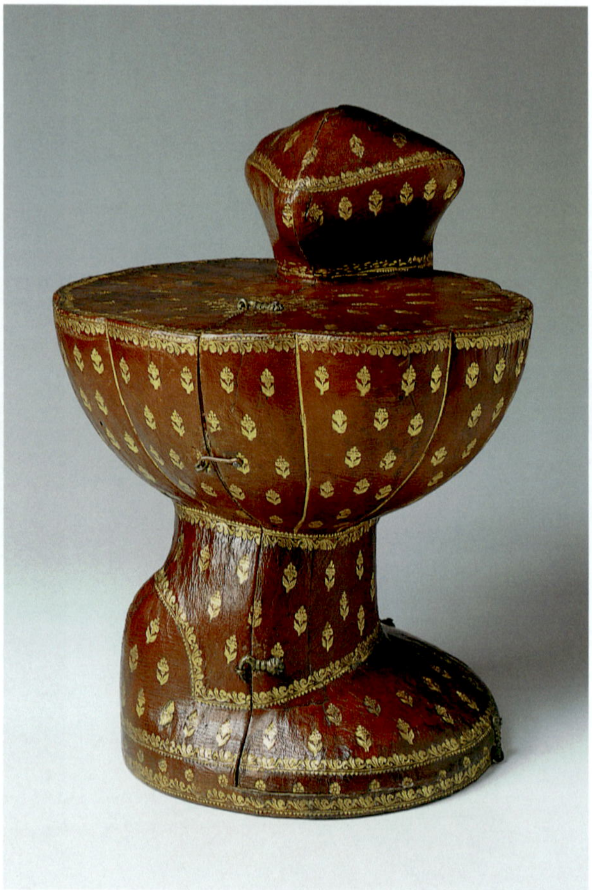

3] **Astucci storici:** queste opere preziose e delicate erano protette da fodere in cuoio, prodotte singolarmente, per preservarle durante i viaggi – ad esempio, quando Augusto il Forte partì da Dresda alla volta della sua residenza polacca di Cracovia e prese con sé tesori artistici a scopi di rappresentanza.

Estuches históricos: las obras valiosas y delicadas disponían de estuches de piel hechos a medida para protegerlas durante los viajes. Por ejemplo, cuando Augusto el Fuerte viajaba de Dresde a su residencia polaca en Cracovia, llevaba consigo algunos tesoros artísticos a modo de espléndida representación.

Исторические футляры: Эти драгоценные изысканные предметы имеют индивидуально изготовленные чехлы из кожи, которые защищали их во время путешествий. Август Сильный брал эти произведения искусства с собой, например, при поездке из Дрездена в свою польскую резиденцию в Кракове с целью показать себя в полном блеске.

4] **Coppa a forma di conchiglia con delfino:** i contenitori in cristallo di rocca ad opera di Giovanni Battista Metellino da Milano, qui ne abbiamo un esemplare del 1724, si distinguono per il loro taglio superbo, per le dimensioni imponenti e per le montature con piccoli pezzi di lapislazzuli incastonati.

Cuenco en forma de concha con delfín: las vasijas de cristal de roca de Giovanni Battista Metellino de Milán se distinguen por su soberbia talla, sus impresionantes dimensiones y sus monturas adornadas con pequeñas piezas de lapislázuli. Esta pieza en concreto data de 1724.

Раковинообразная чаша с дельфином: Хрустальные посудины миланского мастера Джованни Баттиста Метеллино, одним из образцов которых является эта чаша работы 1724 года, отличаются исключительной шлифовкой, внушительными размерами и оправами с небольшими украшениями из лазурита.

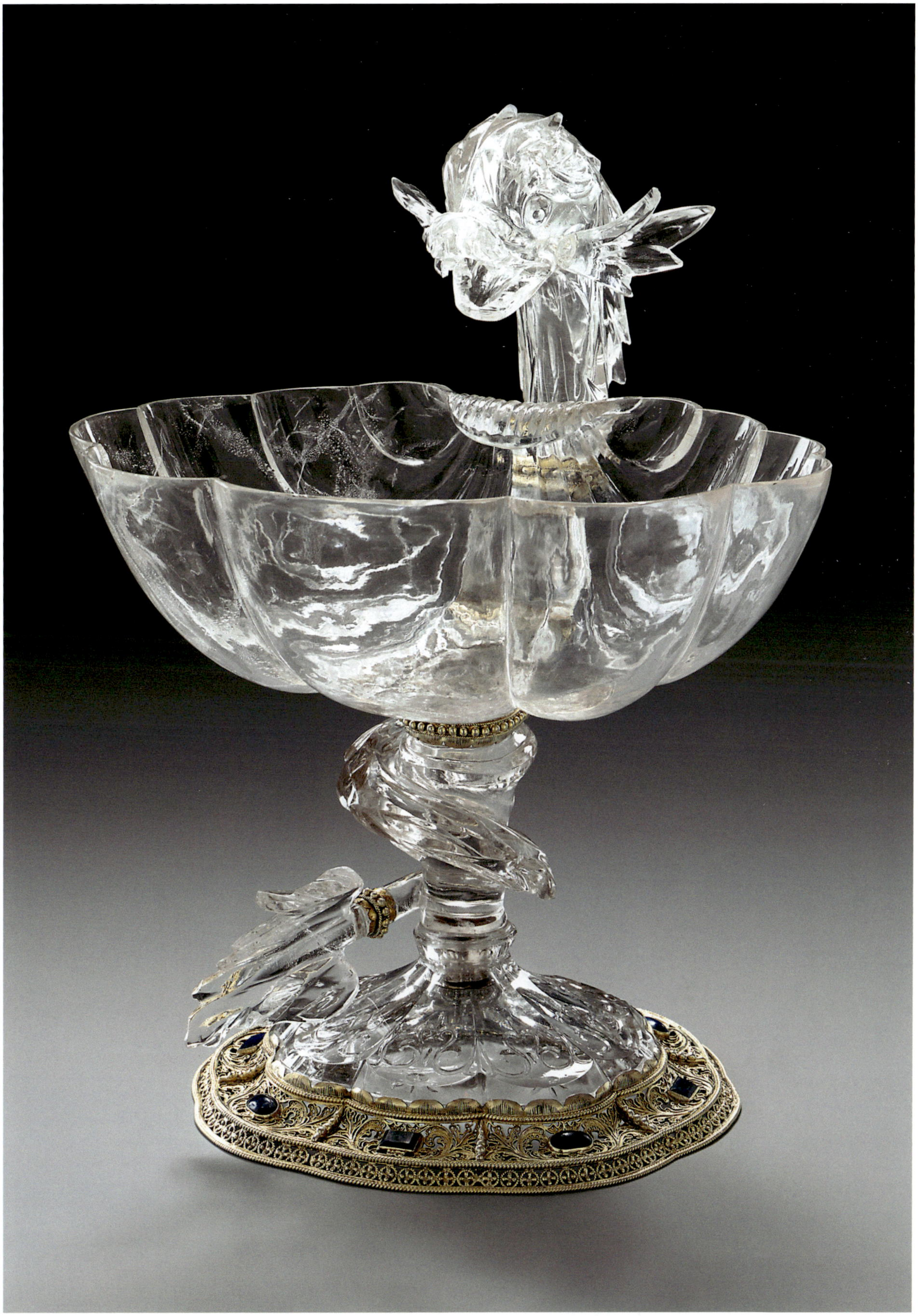

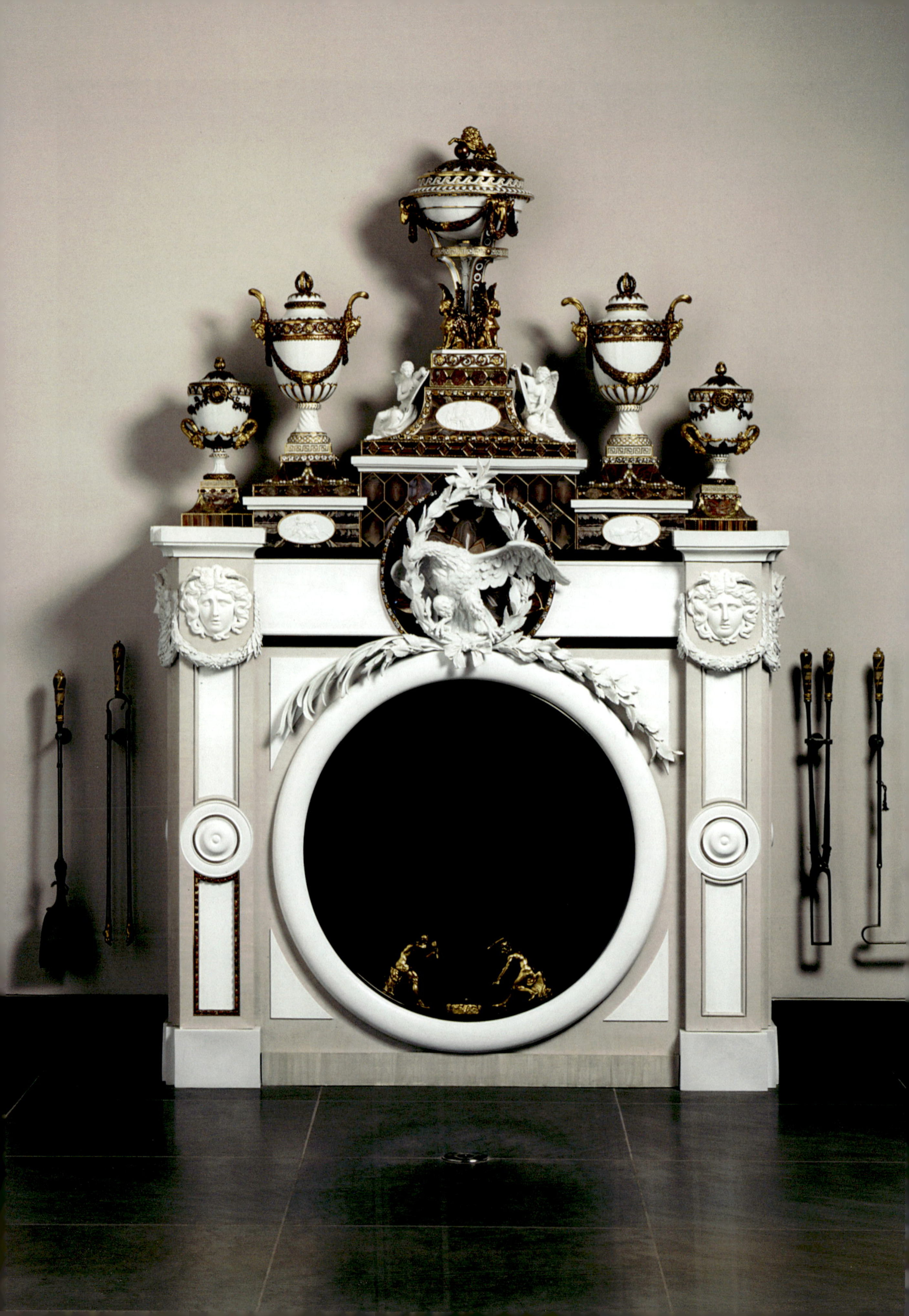

STANZA NEUBER / SALA DE NEUBER / КОМНАТА НОЙБЕРА

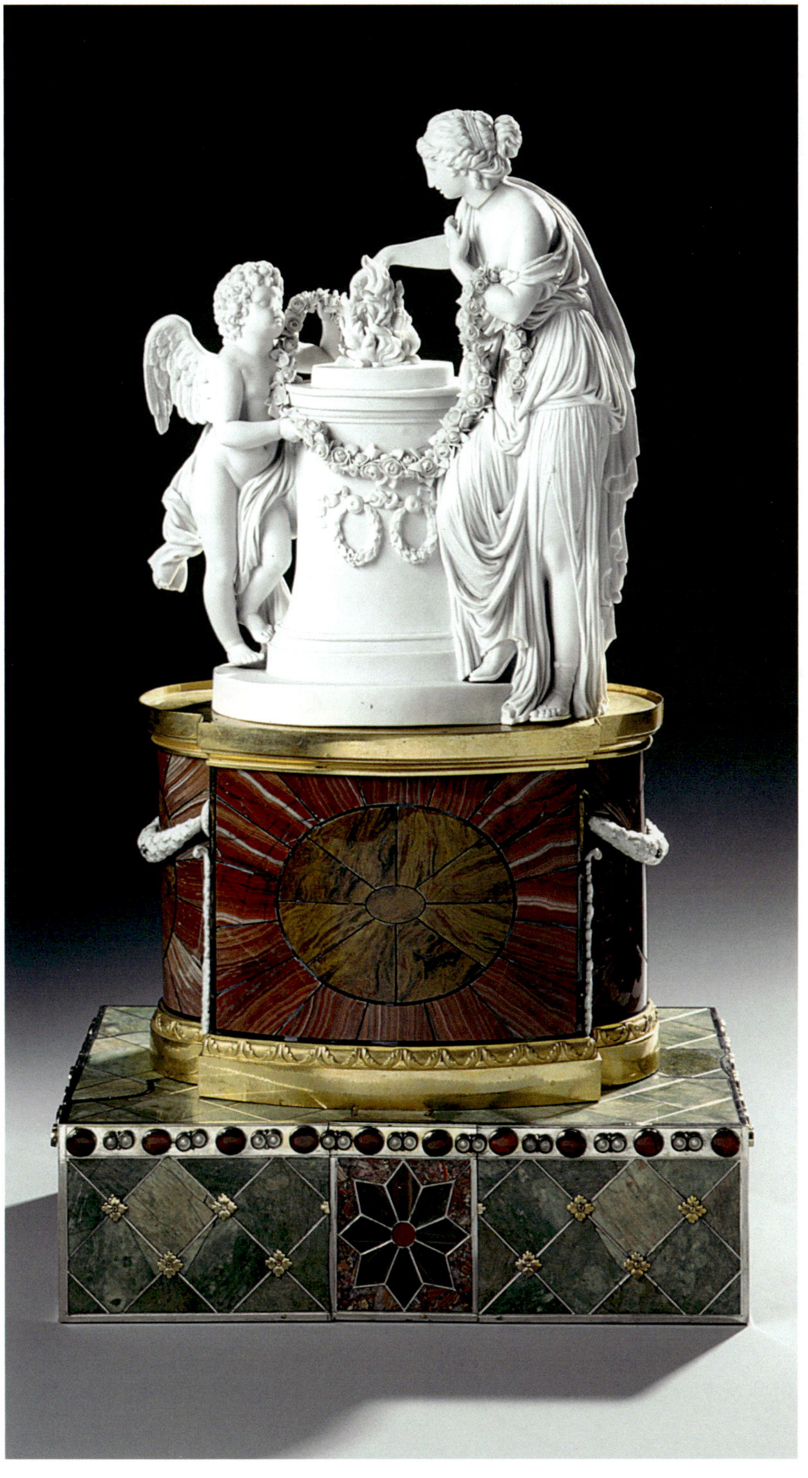

1] **Camino da esibizione:** il camino, i cui lavori in pietre preziose di Johann Christian Neuber sono del 1782, doveva essere un dono per il Grande Principe di Russia, il futuro Zar Paolo I, che, tuttavia, non apparve.

Magnífica chimenea: esta chimenea, trabajada en piedras preciosas por Johann Christian Neuber en 1782, estaba destinada como regalo de bienvenida al Gran Príncipe de Rusia, el futuro Zar Pablo I que, por cierto, no hizo acto de presencia.

Торжественный камин: Этот камин, украшенный драгоценными камнями Иоанном Кристианом Нойбером в 1782 году, был задуман как подарок великому российскому князю, а позже царю, Павлу I, который однако так и не появился. Сочетание мейсенского фарфора с саксонскими драгоценными камнями должно было показать богатства Саксонии.

2] **Gruppo in porcellana con il »sacrificio dell'amicizia« su piedistallo da esibizione:** alla fine del 18° secolo l'orafo di Dresda J. C. Neuber creò questa opera d'arte unica, che univa in modo stupefacente due delle più avanzate tecniche di allora – porcellana biscotto di Meissen e intarsi di pietre preziose.

Grupo de porcelana con el »sacrificio a la amistad« en un pedestal ornamentado: el orfebre de Dresde J. C. Neuber creó, a finales del siglo XVIII, esta obra de arte única, que combina admirablemente dos de las tecnologías entonces más punteras (la porcelana biscuit de Meissen y la incrustación de piedras preciosas).

Фарфоровая композиция с изображением сцены »Жертва дружбе« на роскошной подставке: Нойбер исполнил это единственное в своём роде произведение искусства в конце 18 века. Эта работа выразительно объединяет в себе две в то время ультросовременные технологии – мейсенский бисквитный фарфор (»das Meissner Biskuitporzellan«) и инкрустацию из драгоценных камней.

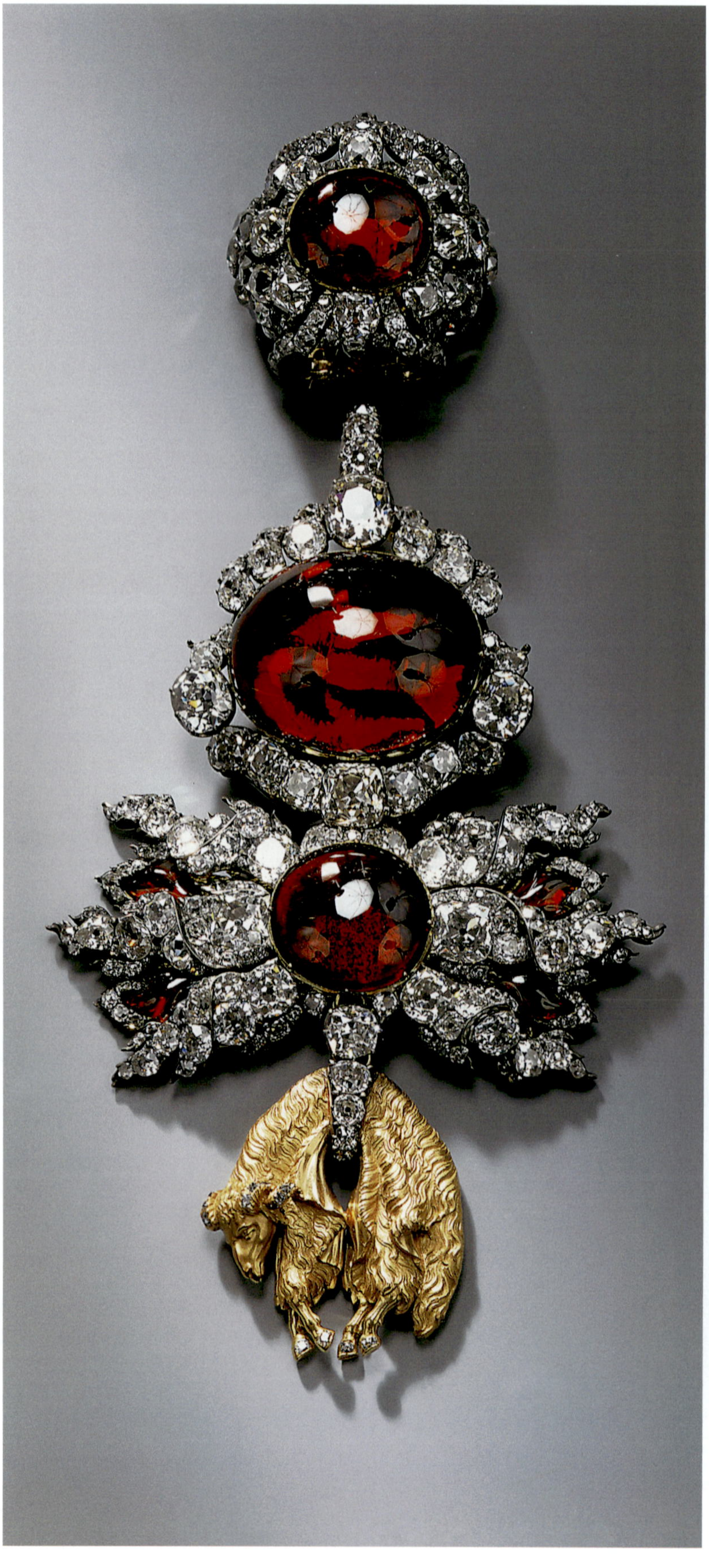

3] **Gioiello dell'Ordine del Vello d'Oro con granati della Boemia:** nel 1722 Augusto il Forte e suo figlio, il futuro re Augusto III di Polonia ricevettero il gioiello distintivo del più elevato ordine asburgico di cavalieri, l'Ordine del Vello d'Oro. Nel 1749 Franz Christoph Georg Diespach realizzò questo esemplare di gioielleria a Praga con granati di notevole grandezza e 318 brillanti.
Insignia de la Orden del Toisón de Oro con granates de Bohemia: en 1722, Augusto el Fuerte recibió, junto con su hijo y futuro monarca Augusto III de Polonia, la insignia de la más elevada orden de caballería de los Habsburgo, la Orden del Toisón de Oro. Franz Christoph Georg Diespach creó esta joya en Praga en 1749 con granates especialmente grandes y 318 brillantes.
Драгоценный орден Золотого руна с богемскими гранатами: Август Сильный получил этот орден Золотого руна, являвшийся наивысшим знаком отличия среди габсбургских рыцарских орденов, в 1722 году вместе со своим сыном, впоследствие королём Польши, Августом III. Франц Кристоф Георг Диспах изготовил это украшение в 1749 году в Праге из особо больших гранатов и 318 бриллиантов.

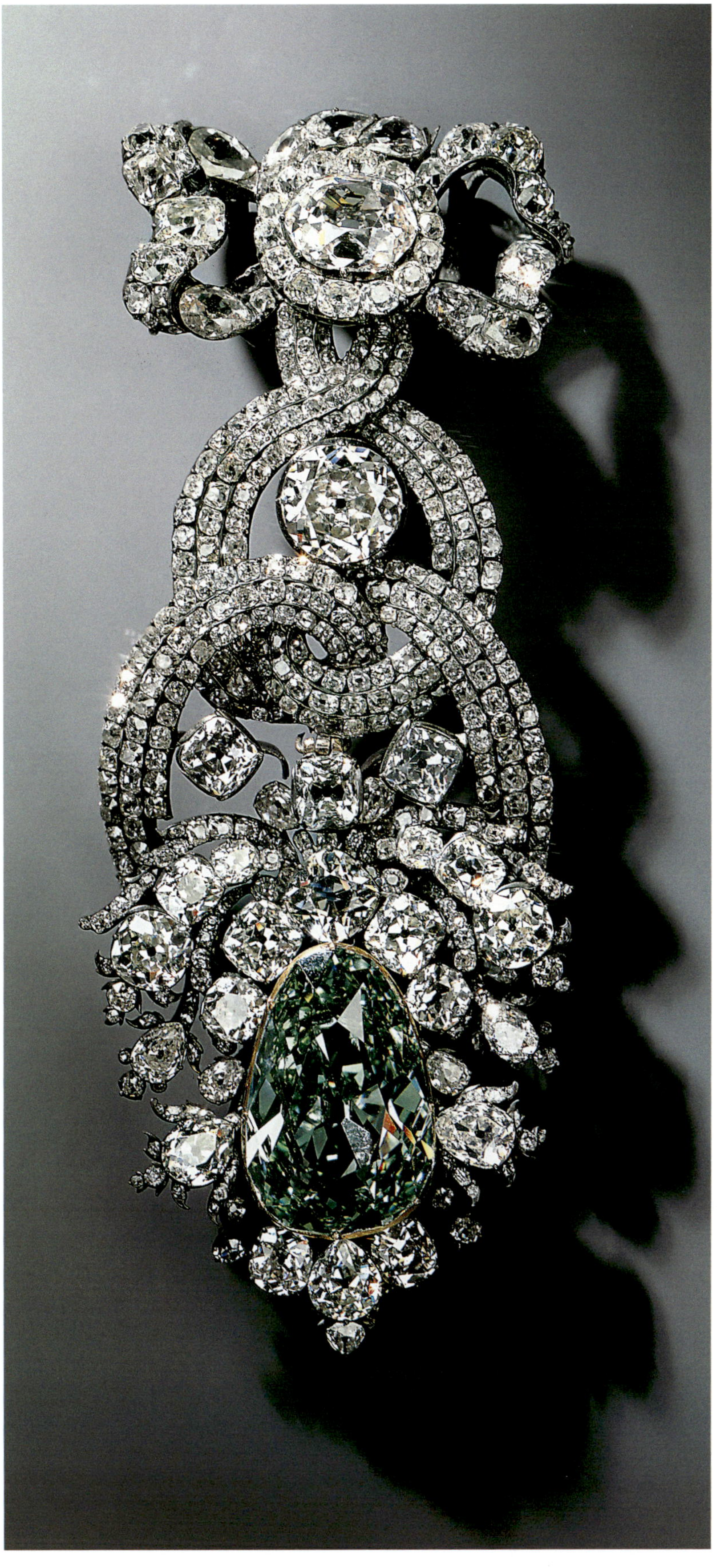

GABINETTO WATZDORF / GABINETE WATZDORF / КАБИНЕТ ВАЦДОРФА

1] **Ornamento per tesa di cappello con il Diamante Verde di Dresda, dalla parure di brillanti:** nel 1742 Augusto III acquistò il »Verde di Dresda«, uno dei più preziosi e rari diamanti mai trovati. Tradizione vuole che per il diamante di 41 carati abbia pagato 400.000 talleri. In confronto, la costruzione e gli interni della Frauenkirche costarono 288.000 talleri. Nel 1769 Franz Michael Diespach collocò la pietra, che in precedenza era stata usata come distintivo, nell'ornamento per tesa di cappello.
Adorno para el ala del sombrero con el »diamante verde de Dresde« del juego de brillantes: en 1742, Augusto III adquirió el »Verde de Dresde«, uno de los diamantes más valiosos y singulares jamás hallados. Según la tradición, pagó 400.000 táleros por el diamante, cuyo peso era de 160 granos (41 quilates). A modo de comparación, la construcción y el equipamiento interior de la »Frauenkirche« costó 288.000 táleros. Franz Michael Diespach engastó la piedra en el adorno en 1769; anteriormente el diamante se había utilizado como condecoración.
Эгрет с »Зелёным дрезденским бриллиантом« из бриллиантового гарнитура: »Зелёный дрезденский«, один из драгоценнейших и редкостных бриллиантов, был приобретён Августом Сильным в 1742 году. По преданию он заплатил за этот бриллиант весом в 41 карат 400 000 талеров. Для сравнения: строительство и убранство Фрауенкирхе обошлось в 2888 000 талеров. Первоначально этот камень использовался как драгоценный орден, а в 1742 году Франс Микаель Диспах вставил его в эгрет.

REFERENZE / PIE DE IMPRENTA / ИМПРЕССУМ

Nota:
La stanza Sponsel (Stanza 11) del nuovo Grünes Gewölbe è riservata a mostre speciali e quindi non è trattata in questa pubblicazione.

Nota:
La sala Sponsel (sala 11) del Neues Grünes Gewölbe está reservada para exposiciones especiales y por ello no está incluida en esta publicación.

Примечание:
Комната Спонзеля используется для временных выставок и поэтому в этой брошюре не представлена.

Idea e testi:
Katharina Stauder
sulla scorta dei seguenti testi:

Jutta Kappel · Ulrike Weinhold
Das Neue Grüne Gewölbe. Museumsführer, 2007

Dirk Syndram · Jutta Kappel · Ulrike Weinhold
Das Historische Grüne Gewölbe zu Dresden. Die barocke Schatzkammer. Meisterwerke, 2ª ed., 2007

Dirk Syndram
Schatzkunst der Renaissance und des Barock. Das Grüne Gewölbe zu Dresden. Meisterwerke, 2ª ed., 2005

Redazione editoriale:
Katharina Stauder

Traduzione:
Laura Majer
Katja Naumann
Olga Theisselmann

Impaginazione:
Heimatstuben, Dresda

Fotografie:
Jürgen Karpinski, Dresda
David Brandt, Dresda (p. 6/7)

Riproduzione:
LVD Gesellschaft für Datenverarbeitung mbH, Berlin

Stampa e rilegatura:
DZA Druckerei zu Altenburg GmbH, Altenburg

Concepto y textos:
Katharina Stauder
utilizando textos de:

Jutta Kappel · Ulrike Weinhold
Das Neue Grüne Gewölbe. Museumsführer, 2007

Dirk Syndram · Jutta Kappel · Ulrike Weinhold
Das Historische Grüne Gewölbe zu Dresden. Die barocke Schatzkammer. Meisterwerke, 2 ed., 2007

Dirk Syndram
Schatzkunst der Renaissance und des Barock. Das Grüne Gewölbe zu Dresden. Meisterwerke, 2 ed., 2005

Director editorial:
Katharina Stauder

Traducción:
Laura Majer
Katja Naumann
Olga Theisselmann

Composición:
Heimatstuben, Dresde

Fotografía:
Jürgen Karpinski, Dresde
David Brandt, Dresde (p. 6/7)

Reproducción:
LVD Gesellschaft für Datenverarbeitung mbH, Berlin

Impresión y encuadernación:
DZA Druckerei zu Altenburg GmbH, Altenburg

Концепция и тексты:
Катарина Штаудер
с использованием следующих текстов:

Ютта Каппель· Улрике Вейнхольд
Новый »Грюнес Гевёльбе». Путеводитель по музею, 2007

Дирк Синдрам · Ютта Каппель · Улрике Вейнхольд
Исторический »Грюнес Гевёльбе« в Дрездене. Барочная сокровищница. Шедевры, 2. изд., 2007

Дирк Синдрам
Ювелирное искусство эпохи ренессанса и барокко. »Грюнес Гевёльбе« в Дрездене. Шедевры, 2. изд., 2005

Редактор:
Катарина Штаудер

Перевод:
Лаура Майер
Катя Науманн
Ольга Тайссельманн

Художественный оформитель:
Heimatstuben, Дрезден

Фотографии
Юрген Карпински, Дрезден
Давид Брандт, Дрезден (стр. 6/7)

Репродукция:
LVD Gesellschaft für Datenverarbeitung mbH, Berlin

Печать и переплёт:
DZA Druckerei zu Altenburg GmbH, Altenburg

Bibliografische Information der Deutschen Nationalbibliothek
Die Deutsche Nationalbibliothek verzeichnet diese Publikation in der Deutschen Nationalbibliografie; detaillierte bibliografische Daten sind im Internet über http://dnb.d-nb.de abrufbar.

ISBN 978-3-422-06808-7

ISBN 978-3-422-06808-7

ISBN 978-3-422-06808-7